Klasse 3/4

Birgit Brandenburg

Wochenplan Fabeln

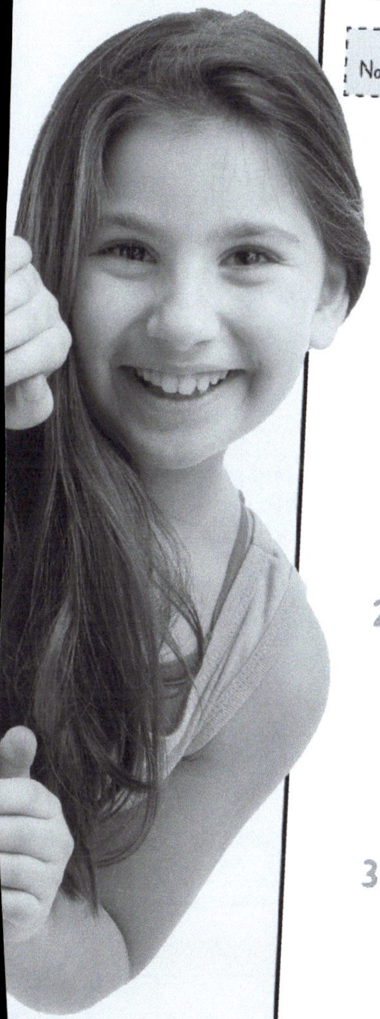

Name: ____ Klasse: ____ Wochenplan-Nr. ____ Abgabe am: ____

! Wochenplan zum Thema „Was ist eine Fabel?"

1	erledigt ☑ kontrolliert ☑	Lies die Textseite sorgfältig durch. Kreuze die richtigen Sätze an. ☑ Menschliche Schwächen sind ein Thema der Fabel. ☑ Die gleichen Tiere haben gleiche Eigenschaften. ☑ In einer Fabel wird immer die Zeit genannt. ☑ Die Fabel ist eine besondere Geschichte.
2	erledigt ☑ kontrolliert ☑	Beantworte die Fragen. Schreibe in vollständigen Sätzen ins Heft. a) Was ist Thema einer jeden Fabel? b) Was will ein Dichter mit einer Fabel verpacken? c) Was fehlt in einer Fabel? d) Wozu dient die Moral aus einer Fabel? e) Seit wann gibt es Fabeln?
3	erledigt ☑ kontrolliert ☑	Setze die Verben in die einfache Vergangenheit. ich schreie ich ____ ich küsse ich ____ ich sage ich ____ ich fange ich ____ ich trotte ich ____ ich beiße ich ____ ich erkenne ich ____ ich drehe ich ____
		Ordne die Wörter nach dem Alphabet.

G M 3 E

- Jede Woche in fünf Einheiten auf einem Bogen
- Freiarbeit & Häusliches Üben

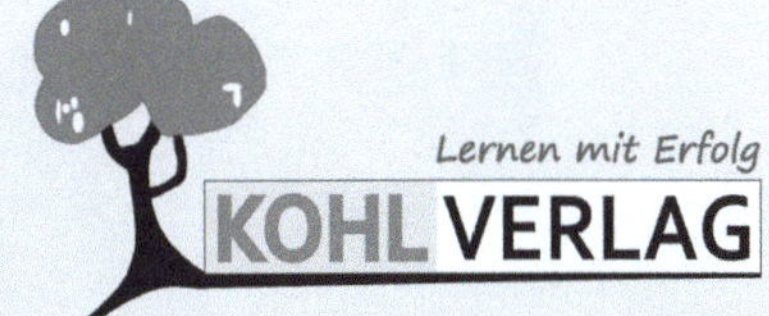

Wochenplan Fabeln

3.-4. Schuljahr

7. Auflage 2025

Inhalt: Birgit Brandenburg
Umschlagbilder: © volondoff & blobbotronic - AdobeStock.com
Redaktion: Kohl-Verlag
Grafik & Satz: Kohl-Verlag
Druck: Elanders Druck, Waiblingen

Bestell-Nr. 11 866

ISBN: 978-3-95686-471-1

Weitere Bildquellen:
Seite 8: JoeyBear - Fotolia.com; Seite 12: liusa; Igor Zakowski; Alexander Pokusay - Fotolia.com; Seite 13: marga - Fotolia.com; Seite 16: Igor Zakowski - Fotolia.com; Seite 20: BillionPhotos.com - Fotolia.com; Seite 24: picsfive - Fotolia.com; Seite 28: musri; StudioCalypso - Fotolia.com - Fotolia.com; Seite 32: clipart.com; Seite 36: Igor Zakowski - Fotolia.com; Seite 40: Yael Weiss; ksenyasavva - Fotolia.com; Seite 44: iconshow; WoGi - Fotolia.com

Kontakt: Kohl-Verlag, An der Brennerei 37-45, 50170 Kerpen
Tel: +49 2275 331610, Mail: info@kohlverlag.de

Inhalt

KOHL VERLAG Lernen mit Erfolg WOCHENPLAN FABELN / Klasse 3-4 – Bestell-Nr. 11 866

Anleitung

Liebe Lehrerinnen und Lehrer,

die Behandlung von Fabeln in Klasse 3 und 4 dient der Vorbereitung zum Verständnis gleichnishafter Texte. Ausgesucht wurden einfach strukturierte Texte. Dadurch sollen die Schülerinnen und Schüler mit wesentlichen Elementen dieser Textsorte vertraut gemacht werden.

Die vielfältigen Aktivitäten in den Wochenplänen decken eine große Bandbreite des Lehrplans ab. Sie können sich an diesen Symbolen orientieren:

Lesen & Leseverständnis

Schreiben

Rechtschreibung

Grammatik

Innerhalb eines Themas gibt es drei Schwierigkeitsstufen zur Differenzierung.

⊙ grundlegendes Niveau | ! mittleres Niveau | ★ erweitertes Niveau

Die Aufgaben zum grundlegenden Niveau können von allen Schülern bearbeitet werden. Aufgaben mit mittlerem Niveau bieten Erweiterungen und höhere Anforderungen als das grundlegende Niveau. Die Aufgaben des erweiterten Niveaus sind sogenannte Expertenaufgaben und enthalten vertiefende oder weiterführende Inhalte.

Die Bearbeitung der Niveaustufen kann durchlässig gestaltet werden. Schüler einer niedrigeren Stufe können sich an der nächsthöheren versuchen, auch dann, wenn nicht alle Aufgaben gelöst werden können. Die Textseite mit der Fabel kann zusätzlich eine Aufgabe enthalten, die vom Niveau her alle Schüler lösen können müssten.

Mit dem vorliegenen Material wünscht Ihnen viel Spaß, Ihr Kohl-Verlags-Team und

Birgit Brandenburg

Übersicht

Wochenplan Nr.	Seite	Thema	Lesen und Leseverständnis	Schreiben	Rechtschreibung	Grammatik
1	8	**Was ist eine Fabel?**				
	9/48	⊙	○ Text lesen ○ Sätze ankreuzen	○ Ende einer Fabel ○ Fragen beantworten	○ Wörter ordnen	○ Nomen im Text finden
	10/48	!	○ Text lesen ○ Sätze ankreuzen	○ Fabelteile ordnen ○ Fragen beantworten	○ Wörter ordnen	○ Verben ins Präteritum
	11/49	*	○ Text lesen ○ Sätze ankreuzen	○ Akrostichon ○ Fabel schreiben	○ ähnlich klingende Wörter	○ Nomen, Verben, Adjektive
2	12	**Der eitle Spatz und der Wurm**				
	13/49	⊙	○ Text lesen ○ Sätze ankreuzen	○ Lückentext ○ Sätze zu einem Bild	○ Wörter richtig stellen	○ Steigerung von Adjektiven
	14/50	!	○ Text lesen ○ Sätze ankreuzen	○ Lückentext ○ Eigenschaften finden	○ Wörter mit -ig, -lich, -isch	○ Steigerung von Adjektiven
	15/50	*	○ Text lesen	○ Lückentext ○ Satzteile ordnen ○ Fabel aus Wurmsicht	○ Sätze aus Suchsel suchen	○ Nomen zu Adjektiven suchen
3	16	**Die Eigenschaften der Tiere**				
	17/51	⊙	○ Text lesen ○ Tabelle ergänzen	○ Sätze zu Adjektiven ○ Adjektive ergänzen	○ Wörter mit ü, ö, ä	○ gegenteilige Adjektive
	18/51	!	○ Text lesen ○ Tabelle ergänzen	○ Sätze zu Adjektiven	○ Fehler berichtigen ○ Silbenrätsel	○ Adjektiv + Nomen = neues Nomen
	19/52	*	○ Text lesen ○ Tabelle ergänzen	○ Fabel schreiben ○ Eigenschaften finden	○ Fehler im Text berichtigen	○ Nomen zu Adjektive finden

Übersicht

Wochenplan Nr.	Seite	Thema	Lesen und Leseverständnis	Schreiben	Rechtschreibung	Grammatik
4	20	Die Stadtmaus und die Feldmaus				
	21/52	⊙	○ Textteile sortieren	○ Fragen beantworten	○ Groß- und Kleinschreibung	○ Stilübung: Wortfeld gehen
	22/53	!	○ Textteile sortieren	○ Elfchen ○ Schlagzeilen schreiben	○ Wörter mit f und ph	○ Satzteile: Das Subjekt
	23/53	✶	○ Textteile sortieren	○ Fabel zusammenfassen ○ Wortbedeutung	○ Silbentrennung von Wörtern	○ Kommasetzen bei Aufzählungen
5	24	Der mit Salz beladene Esel				
	25/54	⊙	○ Bilderfolge ansehen ○ Fabel lesen	○ verknotete Wörter entwirren ○ Lehre finden	○ Fehlerhafte Sätze richtig schreiben	○ Stilübung: Wortfeld arbeiten
	26/54	!	○ Bilderfolge ansehen	○ Fabel schreiben ○ Haiku schreiben	○ Verben ins Präteritum setzen	○ Satzteile: Das Prädikat
	27/55	✶	○ Bilderfolge ansehen	○ Fabel schreiben ○ Fabel umschreiben	○ dass oder das einsetzen	○ Zeichensetzung bei vier Satzarten
6	28	Der Löwe und die Maus				
	29/55	⊙	○ Fabel lesen ○ Fragen beantworten	○ Mittelteil der Fabel schreiben ○ Lehre finden	○ Einsetzen von ihn/in/ihr und ihm/im	○ Relativsatz
	30/56	!	○ Fabel lesen ○ Fragen beantworten	○ Begründen ○ Anfang/Mittelteil schreiben	○ Einsetzen von den oder denn	○ Stilübung: Wortfeld klein
	31/56	✶	○ Fabel lesen ○ Fragen beantworten	○ Moral begründen ○ Fabel schreiben	○ Satzzeichen einsetzen	○ Fallfehler berichtigen

Übersicht

Wochenplan Nr.	Seite	Thema	Lesen und Leseverständnis	Schreiben	Rechtschreibung	Grammatik
7	32	Der Fuchs und der Holzhacker				
	33/57	⊙	○ Fabel lesen ○ Quiz beantworten	○ Überschriften finden ○ Wörterrätsel	○ kurze und lange Vokale	○ Satzglieder sortieren
	34/57	!	○ Fabel lesen ○ Quiz beantworten	○ Fragen beantworten ○ Wörterrätsel	○ Großschreibung von Verben	○ Präpositionen einsetzen
	35/58	✶	○ Fabel lesen ○ Quiz beantworten	○ Silbenrätsel ○ Moral der Fabel suchen	○ Endungen -ung, -heit, -keit	○ zusammengesetzte Nomen
8	36	Seltsamer Spazierritt				
	37/58	⊙	○ Texte lesen ○ Aufgabe lösen	○ Lehre finden ○ Fragen beantworten	○ Wörter vervollständigen	○ Analoge Paare finden
	38/59	!	○ Texte lesen ○ Aufgabe lösen	○ Lehre finden ○ Fragen beantworten	○ Reimwörter finden	○ Wortfamilie Körper
	39/59	✶	○ Texte lesen ○ Aufgabe lösen	○ Lehre ziehen ○ Fabel zusammenfassen	○ Rechtschreibung nach Doppelpunkt	○ Dativ und Akkusativ
9	40	Die Viper und die Wasserschlange				
	41/60	⊙	○ Lückentext füllen ○ Fabel lesen	○ Meinung schreiben ○ Akrostichon	○ Wörter mit Doppel-konsonanten	○ Deklination der vier Fälle
	42/60	!	○ Lückentext füllen ○ Fabel lesen	○ Meinung und Limerick schreiben	○ Satz aus dem Text herausfiltern	○ Verben in vier Zeiten setzen
	43/61	✶	○ Lückentext füllen ○ Fabel lesen	○ Wegwerfgeschichte ○ Wörterspiel	○ Großschreibung von Verben	○ Konjunktionen
10	44		Die beiden Bauern			
	45/61	⊙	○ Text lesen ○ Bildfolge malen	○ Elfchen schreiben ○ Stilblüten	○ Endungen machen ○ Wörter zu Nomen	○ als oder wie bei Vergleichen
	46/62	!	○ Text lesen ○ Bildfolge malen	○ Haiku schreiben ○ Rätsel lösen	○ wahr oder war einsetzen	○ Genitiv bilden
	47/62	✶	○ Text lesen ○ Bildfolge malen	○ Fragen bilden ○ Redewendungen	○ Text entzerren	○ ähnliche Begriffe unterscheiden

1. Was ist eine Fabel?

Die **Fabel** ist eine meist **kürzere** und **besondere Geschichte**, in der Tiere oder Gegenstände, die Menschen darstellen, auch wie Menschen sprechen und handeln. Die **Fabel** gibt es seit etwa **3000 Jahren**. Die wichtigsten **Fabeldichter** waren Äsop, Gottfried Ephraim Lessing, Martin Luther und Jean de La Fontaine. Es gibt Fabeln mit **unterschiedlichen Mitwirkenden**: Tier – Pflanze (Baum), Tier – Mensch – mehrere Tiere.
Meistens kommen **zwei** Tiere in einer Fabel vor. Die **gleichen Tiere** haben immer die **gleichen Eigenschaften**: Der Fuchs ist schlau, der Löwe ist stark. Fabeln haben mit dem **wirklichen Leben** der Menschen zu tun. **Menschliche Schwächen** wie Neid, Geiz, Dummheit, Eitelkeit sind Thema der Fabeln. Da kein Mensch gerne die **Wahrheit über seine Schwächen** von einem anderen Menschen hört, hat man sie in eine **Fabel verpackt** und sie von Tieren, Gegenständen oder einfachen Menschen (Bauer, Holzhacker, Fischer) wie einen Spiegel vorhalten lassen.
In einer Fabel wird **keine genaue Zeit** und **kein genauer Ort** genannt. Es erfolgen keine weiteren Schilderungen. Der **Text** ist in der **Vergangenheit** geschrieben.

Eine **Fabel** besteht aus **drei Teilen**:

1. Ausgangssituation
2. Streit/Gespräch
3. Lösung

Am **Ende einer Fabel** steht oft, was die Menschen für ihr Verhalten oder ihre Eigenschaften aus der Fabel lernen können. Die **Lehre aus der Fabel** nennt man **Moral**.

Aufgabe: Lies die Fabel als Beispiel für den Aufbau in den drei Teilen.

Ein Jagdhund fing einen Hasen. Mal biss er ihn, mal leckte er seine Lippen. Der Hase schrie ihn an: „Hey, du Hund, hör endlich auf mich zu beißen oder zu küssen, damit ich erkenne, ob du mein Feind oder mein Freund bist." Der Hund überlegte einen Moment und sagte: „Da hast du recht." Der Hund drehte sich um und trottete davon.

Moral: Die Geschichte passt gut auf einen Menschen, der sich nicht entscheiden kann.

Name: ______________________ Klasse: ________ Wochenplan-Nr. _____ Abgabe am: ________

Wochenplan zum Thema „Was ist eine Fabel?"

1	erledigt ☐ kontrolliert ☐	*Lies die Textseite sorgfältig durch. Kreuze die richtigen Sätze an.* ☐ In der Fabel reden nur Gegenstände. ☐ Tiere und Gegenstände stellen Menschen dar. ☐ Fabeln haben mit dem wirklichen Leben zu tun. ☐ Die Fabel erzählt die Wahrheit über menschliche Schwächen.
2	erledigt ☐ kontrolliert ☐	*Beantworte die Fragen. Schreibe in vollständigen Sätzen ins Heft.* a) In welcher Zeit ist eine Fabel geschrieben? b) Aus welchen Teilen besteht eine Fabel? c) Was steht am Ende einer Fabel? d) Wen stellen die sprechenden Tiere und Gegenstände dar?
3	erledigt ☐ kontrolliert ☐	*Finde 10 verschiedene Nomen in der Fabel „Der Hase und der Hund".* ________________________________ ________________________________ ________________________________
4	erledigt ☐ kontrolliert ☐	*Ordne die Wörter nach dem Alphabet.* a) Hase, Fabel, Tier ____________ b) Moral, Hund, Lösung ____________ c) Mensch, Schwäche, Hase ____________ d) Eigenschaft, Hund, Hase ____________
5	erledigt ☐ kontrolliert ☐	*Schreibe ein Ende der Fabel.* **Der Hund und der Schatten** Ein Hund lief über einen Steg, der über einen Bach führte. Im Maul trug er ein Stück Fleisch, dessen Schatten im Wasser viel größer erschien. Vor Gier …

KOHL VERLAG Lernen mit Erfolg WOCHENPLAN FABELN / Klasse 3-4 – Bestell-Nr. 11 866

Name: ____________ Klasse: ________ Wochenplan-Nr. _____ Abgabe am: ________

! Wochenplan zum Thema „Was ist eine Fabel?"

1	erledigt ☐ kontrolliert ☐	*Lies die Textseite sorgfältig durch. Kreuze die richtigen Sätze an.* ☐ Menschliche Schwächen sind ein Thema der Fabel. ☐ Die gleichen Tiere haben gleiche Eigenschaften. ☐ In einer Fabel wird immer die Zeit genannt. ☐ Die Fabel ist eine besondere Geschichte.
2	erledigt ☐ kontrolliert ☐	*Beantworte die Fragen. Schreibe in vollständigen Sätzen ins Heft.* **a)** Was ist Thema einer jeden Fabel? **b)** Was will ein Dichter mit einer Fabel verpacken? **c)** Was fehlt in einer Fabel? **d)** Wozu dient die Moral aus einer Fabel? **e)** Seit wann gibt es Fabeln?
3	erledigt ☐ kontrolliert ☐	*Setze die Verben in die einfache Vergangenheit.* ich schreie ich ____________ ich küsse ich ____________ ich sage ich ____________ ich fange ich ____________ ich trotte ich ____________ ich beiße ich ____________ ich erkenne ich ____________ ich drehe ich ____________
4	erledigt ☐ kontrolliert ☐	*Ordne die Wörter nach dem Alphabet.* Hase – Hund – Kuss – Biss – Tier – Mensch – Fabel – Weggang – Entscheidung – Schrei – Unsicherheit – Moral ____ ____
5	erledigt ☐ kontrolliert ☐	*Schreibe die Teile der Fabel in der richtigen Reihenfolge ins Heft.* **Der Hund und der Schatten** Im Maul trug er ein Stück Fleisch, dessen Schatten im Wasser viel größer erschien. Dabei fiel ihm das Stück Fleisch aus dem Maul und fiel ins Wasser. So wurde seine Gefräßigkeit bestraft. Ein Hund lief über einen Steg, der über einen Bach führte. Vor Gier schnappte er nach dem größeren Stück im Bach.

KOHL VERLAG WOCHENPLAN FABELN / Klasse 3-4 – Bestell-Nr. 11 866

Name: ______________________ Klasse: ________ Wochenplan-Nr. _____ Abgabe am: __________

★ Wochenplan zum Thema „Was ist eine Fabel?"

1

Lies die Textseite sorgfältig durch. Kreuze die richtigen Sätze an.

- ☐ Eine Fabel enthält keine Lehre für die Menschen.
- ☐ Eine Fabel ist eine lange, umständliche Geschichte.
- ☐ Die Fabel sollte die Wahrheit über Schwächen verpacken.
- ☐ Die Fabel ist immer in der Gegenwart (Präsens) geschrieben.

erledigt ☐
kontrolliert ☐

2

Schreibe ein Akrostichon zu den Merkmalen einer Fabel in dein Heft.

E ______________________________
I n der Fabel stellen Tiere und Gegenstände Menschen dar.
G ______________________________
E ______________________________
N ______________________________
S ______________________________
C ______________________________
H ______________________________
A ______________________________
F abeln verpacken die Wahrheit über menschliche Schwächen.
T ______________________________
E ______________________________
N ______________________________

erledigt ☐
kontrolliert ☐

3

Nomen (N), Verb (V) oder Adjektiv (A)? Schreibe den passenden Buchstaben vor das Wort.

___ anschreien ___ unsicher ___ Schwäche ___ menschlich
___ Wahrheit ___ verpacken ___ Lehre ___ trotten

erledigt ☐
kontrolliert ☐

4

Setze die passenden Wörter in den Unsinnsatz ein.

fällt – Feld – bat – Bad – Rat – Rad

Die Fabel ist kein __________ an einen Menschen, der um ein __________ __________, weil er gerne mit dem __________ über das __________ fährt und dabei jedes Mal in den Dreck __________.

erledigt ☐
kontrolliert ☐

5

Schreibe eine Fabel aus den Satzteilen ins Heft.

Der Hund und der Schatten

Hund über Steg – über Bach – im Maul Stück Fleisch – Schatten Fleisch im Wasser – viel größer – gierig schnappen – größeres Stück im Bach – Stück Fleisch – Maul – ins Wasser – Gefräßigkeit bestraft.

erledigt ☐
kontrolliert ☐

2. Der eitle Spatz und der Wurm

Der eitle Spatz und der Wurm

Ein Spatz hüpfte über eine ________________ und suchte ________________. Plötzlich entdeckte er einen ________________ Wurm. Er schnappte sich die Beute und ________________ damit in die ________________. Der Wurm erholte sich von seinem Schreck und flehte: „Lass mich doch wieder los, ich habe ________________ Kinder, die ich ________________ muss." Der Spatz antwortete nicht. „Ich habe einen ________________, der ist viel ________________ als ich, da ist mehr dran.", argumentierte der Wurm erneut. Der Spatz reagierte nicht. Da ergriff der ________________ Wurm eine letzte ________________. Er schmeichelte dem Spatz: „Weißt du eigentlich, wie ________________ du bist?" Sofort öffnete der eitle Spatz den ________________ und zwitscherte: „Ja, ich weiß." Der ________________ flog durch die Luft, landete auf der Wiese und verschwand blitzschnell im ________________.

Aufgabe

Chance – Futter – versorgen – listige – Wurm – fetten – dicker – Schnabel – Boden – Wiese – Luft – Bruder – kleine – schön – flog

Vervollständige den Spatz und male ihn und den Wurm aus.

Name: ______________ Klasse: ________ Wochenplan-Nr. _____ Abgabe am: ________

Wochenplan zu „Der eitle Spatz und der Wurm"

1	erledigt ☐ kontrolliert ☐	Setze die passenden Wörter in den Lückentext ein. Lies die Fabel noch einmal sorgfältig durch.
2	erledigt ☐ kontrolliert ☐	Wie lautet die Lehre der Fabel? Kreuze die 2 Möglichkeiten an. ☐ Hochmut kommt vor dem Fall. ☐ Schönheit macht dumm. ☐ Lass dich nicht von Schmeicheleien täuschen.
3	erledigt ☐ kontrolliert ☐	Schreibe die Wörter aus der Fabel richtig. oVgel: ________ ruderB: ________ naSchbel: ________ seieW: ________ urWm: ________ Boned: ________
4	erledigt ☐ kontrolliert ☐	Steigere die Adjektive. eitel ________ fett ________ klein ________ dick ________ listig ________ schön ________
5	erledigt ☐ kontrolliert ☐	Schreibe einige Sätze zu dem Bild. Schreibe in dein Heft.

KOHL VERLAG WOCHENPLAN FABELN / Klasse 3-4 – Bestell-Nr. 11 866

Name: ______________ Klasse: ________ Wochenplan-Nr. _____ Abgabe am: ________

! Wochenplan zu „Der eitle Spatz und der Wurm"

1	erledigt ☐ kontrolliert ☐	Setze die passenden Wörter in den Lückentext ein. Lies die Fabel noch einmal sorgfältig durch.
2	erledigt ☐ kontrolliert ☐	Wie lautet die Lehre der Fabel? Kreuze die zwei Möglichkeiten an. ☐ Keiner soll sich wehren. ☐ Hochmut kommt vor dem Fall. ☐ Der eine hoch, der andere mutig. ☐ Schmeicheleien sind immer gut. ☐ Lass dich nicht von Schmeicheleien täuschen.
3	erledigt ☐ kontrolliert ☐	Setze -lich, -ig oder -isch ein. list______ – schmeichler______ – hungr______ – hochmüt______ – dick______ – fett______ – schreck______ – flehent______ – letzt______ eigent______ – unfreund______ – dümm______ – mut______
4	erledigt ☐ kontrolliert ☐	Steigere die Adjektive. listig ______________________ fett ______________________ dick ______________________ hochmütig ______________________ dumm ______________________ eitel ______________________
5	erledigt ☐ kontrolliert ☐	Schreibe passende Adjektive in die Felder. Wie verhält sich der Spatz? | Welches Verhalten haben sie gemeinsam? | Wie verhält sich der Wurm?

KOHL VERLAG Lernen mit Erfolg WOCHENPLAN FABELN / Klasse 3-4 – Bestell-Nr. 11 866

Name: ______________________ Klasse: ________ Wochenplan-Nr. _____ Abgabe am: ________

✶ Wochenplan zu „Der eitle Spatz und der Wurm"

1	erledigt ☐ kontrolliert ☐	*Setze die passenden Wörter in den Lückentext ein.* *Lies die Fabel noch einmal sorgfältig durch.*
2	erledigt ☐ kontrolliert ☐	*Wie lautet die Lehre der Fabel? Setze die drei Sätze richtig zusammen.* a) Hochmut kommt vom vielen Denken ______________________ b) Dummheit kommt von Schmeicheleien täuschen ______________________ c) Lass dich nicht vor dem Fall ______________________
3	erledigt ☐ kontrolliert ☐	*Suche die Sätze aus der Fabel.* a) DERFGHSPATZUTZRGREAGIERTEKOLMYCHNICHT. b) ERKNIESTERNSCHMEICHELTEMUHKUHDEM VOGEKSPATZ. c) DAKIUTERGRIFFNOHGDDERDACHLISTIGEWUMMWURMEI TNESEEEINELULALALETZTECHILLCHANCE.
4	erledigt ☐ kontrolliert ☐	*Suche das passende Nomen zu jedem Adjektiv.* **eitel,fett, klein, dick, listig, schön**
5	erledigt ☐ kontrolliert ☐	*Schreibe die Fabel aus der Sicht des Wurms zu Ende.* Es hatte geregnet und die Wiese war feucht. Ich kroch also aus meinem Erdloch, um ein bisschen Luft zu schnappen. Da kam doch so ein blöder Spatz daher, den ich leider übersehen hatte ______________________ ______________________ ______________________ ______________________.

Tabelle zu Aufgabe 4:

schrecklich		hungrig	
ängstlich		fettig	
pfiffig		chancenlos	
dumm		luftig	
listig		schön	

WOCHENPLAN FABELN / Klasse 3-4 – Bestell-Nr. 11 866

KOHL VERLAG Lernen mit Erfolg

3. Die Eigenschaften von Tieren

Die Eigenschaften von Tieren

Mit den Eigenschaften von Tieren in einer Fabel drückt man den Charaker eines Menschen aus.

Beispiel: Der Esel gilt als dumm. Der Esel in der Fabel stellt einen dummen Menschen dar. Durch die Tiere in der Überschrift einer Fabel kann man schon die Eigenschaften der Tiere erkennen.

Beispiel: Der Fuchs und der Esel. In der Fabel wird es um Schläue (Fuchs) und Dummheit (Esel) gehen.

Tier	Eigenschaft des Tieres in der Fabel	Welcher Menschentyp ist gemeint?
Bär	freundlich, gutmütig	
Esel	faul, störrisch, dumm	
Fuchs	schlau, hinterlistig	
Hase	ängstlich, vorsichtig	
Huhn	bedächtig, dumm	
Hund	treu, freundlich	
Krähe	prahlerisch, frech	
Lamm	schwach, dumm	
Löwe	stolz, mächtig	
Storch	hochmütig, stolz	
Wolf	räuberisch, gierig	
Ziege	unzufrieden, meckerig	

Aufgabe: *Trage passend in die Tabelle ein.*

Sauertopf – Untertan – Dummer – Lieber – Faulpelz – Verbrecher – Gelehrter – Lügner – Feigling – Sympathiker – Prahler – Herrscher

Aufgabe: *Welcher Weg führt das Eichhörnchen zu den Eicheln?*

KOHL VERLAG Lernen mit Erfolg WOCHENPLAN FABELN / Klasse 3-4 – Bestell-Nr. 11 866

Name: ______________________ Klasse: ________ Wochenplan-Nr. _____ Abgabe am: ________

Wochenplan zu „Die Eigenschaften von Tieren"

1

erledigt ☐
kontrolliert ☐

Lies den Text.
Setze die passenden Menschentypen in die Tabelle ein.

2

erledigt ☐
kontrolliert ☐

Schreibe mit jedem Adjektiv einen Satz.

gierig – vorsichtig – mächtig – hinterlistig

a) ______________________________
b) ______________________________
c) ______________________________
d) ______________________________

3

erledigt ☐
kontrolliert ☐

Setze **ü**, **ö** oder **ä** in die Wörter ein.

st__rrisch – __ngstlich – bed__chtig – einf__ltig –
gutm__tig – hochm__tig – m__chtig

4

erledigt ☐
kontrolliert ☐

Suche das gegenteilige Adjektiv.

schwach		bedächtig	
faul		ängstlich	
mächtig		vorsichtig	
treu		schlau	
unzufrieden		gierig	

5

erledigt ☐
kontrolliert ☐

Schreibe die passenden Eigenschaften aus der Tabelle in die Lücken.

a) Der Hase ist ____________.
b) Der Esel ist ____________.
c) Die Ziege ist oft ____________.
d) Der Hund dient seinem Herrn ____________.
e) Die Krähe ist ____________.
f) Das Lamm ist ____________.
g) Der Bär tapst ____________ durch die Fabel.
h) Das ____________ Huhn scharrt im Hof.
i) Der Wolf ist ____________ auf Beute.
j) Der ____________ Löwe ist der König der Tiere.
k) Der ____________ Fuchs ist auch noch ____________.

KOHL VERLAG Lernen mit Erfolg WOCHENPLAN FABELN / Klasse 3-4 – Bestell-Nr. 11 866

Name: ______________________ Klasse: ________ Wochenplan-Nr. _____ Abgabe am: _________

! Wochenplan zu „Die Eigenschaften von Tieren"

1	erledigt ☐ kontrolliert ☐	*Lies den Text.* *Setze die passenden Menschentypen in die Tabelle ein.*
2	erledigt ☐ kontrolliert ☐	*Suche fünf Adjektive aus der Tabelle, die auf -ig enden. Schreibe jeweils einen Satz mit dem Adjektiv.* a) ____________ b) ____________ c) ____________ d) ____________ e) ____________
3	erledigt ☐ kontrolliert ☐	*Die Wörter enthalten Fehler. Schreibe sie richtig in dein Heft.* hinderlistig – mechtig – forsichtig – freuntlich – störisch – pralerisch – träu – girig – fräch – dum ____________ ____________
4	erledigt ☐ kontrolliert ☐	*Füge ein Adjektiv und ein Nomen zusammen.* Ein Adjektiv mit einem Nomen zusammengesetzt ergibt ein neues Nomen: kühl + Schrank = Kühlschrank schwach + Kopf ____________ schnell + Straße ____________ billig + Angebot ____________ faul + Tier ____________ treu + Männer ____________ stolz + Eltern ____________
5	erledigt ☐ kontrolliert ☐	*Setze die Eigenschaften aus dem Silbenrätsel richtig zusammen.* den – frie – gut – hoch – mäch – mü – mü – risch – sich – stör – tig – tig – tig – tig – un – vor – zu a) Eine Eigenschaft des Storches ____________ b) Eine Eigenschaft des Esels ____________ c) Eine Eigenschaft des Löwen ____________ d) Eine Eigenschaft der Ziege ____________ e) Eine Eigenschaft des Hasen ____________ f) Eine Eigenschaft des Bären ____________

KOHL VERLAG Lernen mit Erfolg WOCHENPLAN FABELN / Klasse 3-4 – Bestell-Nr. 11 866

Name: ____________ Klasse: ________ Wochenplan-Nr. _____ Abgabe am: ________

★ Wochenplan zu „Die Eigenschaften von Tieren"

1 erledigt ☐ kontrolliert ☐

Lies den Text.

Setze die passenden Menschentypen in die Tabelle ein.

2 erledigt ☐ kontrolliert ☐

Suche dir zwei Tiere mit passenden Eigenschaften aus und schreibe die Geschichte in eine Fabel um.

Ein Junge stahl ein Stück Käse. Er kletterte damit auf einen Baum. Da kam ein anderer Junge vorbei. Der wollte den Käse haben. „Du siehst toll aus.", rief er nach oben. „Kannst du singen und gleichzeitig den Takt mit den Händen klatschen?" „Klar.", rief der Junge hinunter. Er sang und klatschte den Takt. Dabei fiel ihm das Stück Käse aus der Hand. Der Junge unter dem Baum hob es auf. Er rannte damit weg.

3 erledigt ☐ kontrolliert ☐

Schreibe den Text richtig ins Heft.

Mit einer Fable bekommen die Mesnchen ihre Schwächne vorgehalten. Damit beliedigt man einen Menschen nicht driekt. Die Teire speilen den Charakter des Menschne.

4 erledigt ☐ kontrolliert ☐

Suche das passende Nomen.

schwach		dumm	
faul		ängstlich	
vorsichtig		stolz	
treu		hinterlistig	
gierig		frech	
mächtig		bedächtig	

5 erledigt ☐ kontrolliert ☐

Lies die Überschriften der Fabeln. Welche Eigenschaften treffen in jeder Fabel aufeinander?

a) Der Fuchs und das Lamm ____________

b) Das Huhn und der Löwe ____________

c) Der Fuchs und der Esel ____________

d) Der Storch und das Huhn ____________

e) Der Bär und der Wolf ____________

f) Die Krähe und der Fuchs ____________

g) Die Ziege und der Löwe ____________

h) Der Hase und der Wolf ____________

KOHL VERLAG Lernen mit Erfolg WOCHENPLAN FABELN / Klasse 3-4 – Bestell-Nr. 11 866

Die Stadtmaus und die Feldmaus

1. Die Feldmaus wusste nicht wohin. Schon sah sie den Tod nahen, doch der Koch verschwand wieder.

2. „Ich bleibe eine freie Feldmaus mit einem sicheren Loch im Feld und einfachen Eicheln."

3. Da sagte die Stadtmaus: „Iss dich satt. Solche leckeren Sachen habe ich jeden Tag im Überfluss."

4. Eine Stadtmaus begegnete einer Feldmaus, die sich gerade an Eicheln, Nüssen und Gerste gütlich tat.

5. Da kam der Koch und stieß rumpelnd die Tür auf.
   Die Mäuse erschraken. Die Stadtmaus verschwand in ihrem Loch.

6. Die Feldmaus zog mit der Stadtmaus in ein herrlich schönes Haus, in dem es Speisekammern voller Speck und Würste gab.

7. Die Stadtmaus meinte: „Du lebst hier in Armut. Komm mit mir, ich will dir und mir genügend leckere Sachen verschaffen."

8. Dann entdeckten sie noch Mausefallen. Die Feldmaus hatte genug und meinte: „Bleib du eine Stadtmaus und iss deine Würste."

KOHL VERLAG Lernen mit Erfolg WOCHENPLAN FABELN / Klasse 3-4 – Bestell-Nr. 11 866

Name: ______________________ Klasse: ________ Wochenplan-Nr. _____ Abgabe am: ________

Wochenplan zu „Die Stadtmaus und die Feldmaus"

1	erledigt ☐ kontrolliert ☐	*Schneide die Teile der Fabel aus und lege sie in die richtige Reihenfolge. Lies den Text noch einmal sorgfältig durch.*
2	erledigt ☐ kontrolliert ☐	*Welche der Sätze sind falsch? Kreuze sie an.* ☐ Die Stadtmaus lebte auf dem Feld. ☐ Die Stadtmaus fraß Eicheln und Nüsse. ☐ Die Feldmaus wollte zurück in ihr Feldloch. ☐ Die Feldmaus wusste nicht wohin, als der Koch kam.
3	erledigt ☐ kontrolliert ☐	*Schreibe die Sätze richtig ins Heft mit getrennten Wörtern und Groß- und Kleinschreibung.* a) DAKAMDERKOCHUNDSTIEßRUMPELNDDIETÜRAUF. b) DIEFELDMAUSWUSSTENICHTWOHIN. c) DIESTADTMAUSVERSCHWANDINIHREMLOCH.
4	erledigt ☐ kontrolliert ☐	*Finde 15 andere Wörter für **gehen**, die aber die gleiche Bedeutung haben.* ______________________ ______________________ ______________________ ______________________
5	erledigt ☐ kontrolliert ☐	*Beantworte die Fragen schriftlich in vollständigen Sätzen.* a) Welche Tiere spielen in der Fabel mit? ______________________ b) Warum geht die Feldmaus mit der Stadtmaus mit? ______________________ c) An welchem Ort befinden sich die beiden Mäuse dann? ______________________ d) Was beschließt die Feldmaus? ______________________ e) Was ist die Moral der Fabel? ______________________

KOHL VERLAG Lernen mit Erfolg WOCHENPLAN FABELN / Klasse 3-4 – Bestell-Nr. 11 866

Name: ____________________ Klasse: ________ Wochenplan-Nr. _____ Abgabe am: ________

Wochenplan zu „Die Stadtmaus und die Feldmaus"

1	erledigt ☐ kontrolliert ☐	*Schneide die Teile der Fabel aus und lege sie in die richtige Reihenfolge. Lies den Text noch einmal sorgfältig durch.*
2	erledigt ☐ kontrolliert ☐	*Schreibe ein Elfchen zu der Fabel. Ein Elfchen besteht aus 11 Wörtern:* 1. Zeile = 1 Wort, 2. Zeile = 2 Wörter, 3. Zeile = 3 Wörter, 4. Zeile = 4 Wörter, 5. Zeile = 1 Wort Beispiel: Stadtmaus ____________ besucht Feldmaus ____________ Speisekammer fett gefüllt ____________ gefährlicher Koch und Fallen ____________ zurück. ____________
3	erledigt ☐ kontrolliert ☐	*Setze **f** oder **ph** ein.* As__alt – Katastro__e – Stro__e – Tele__on – Geogra__ie – Te__lon – __ysiker – __otoapparat – __iloso__ie – __ase – __aser – Al__abet – Mikro__on
4	erledigt ☐ kontrolliert ☐	*Unterstreiche das/die Subjekt(e) im Satz. Nach dem Subjekt fragt man: Wer oder was tut etwas?* a) Eine Stadtmaus begegnete einer Feldmaus. b) Die Feldmaus zog in ein herrlich schönes Haus. c) Die Speisekammer war voller Speck und Würste. d) Die ständige Ruhestörung war ihr zu gefährlich.
5	erledigt ☐ kontrolliert ☐	*Tageszeitungen brauchen auf der ersten Seite eine Schlagzeile in möglichst großen Buchstaben. Die Fabel steht als Bericht auf der ersten Seite einer Tageszeitung. Erfinde kurze Schlagzeilen.* a) Feldmaus verzichtet auf Luxus. b) Entsetzen. Feldmaus in Gefahr. c) ____________ d) ____________ e) ____________ f) ____________ g) ____________ h) ____________

KOHL VERLAG Lernen mit Erfolg WOCHENPLAN FABELN / Klasse 3-4 – Bestell-Nr. 11 866

Name: ______ Klasse: ______ Wochenplan-Nr. ______ Abgabe am: ______

★ Wochenplan zu „Die Stadtmaus und die Feldmaus"

1	erledigt ☐ kontrolliert ☐	*Schneide die Teile der Fabel aus und lege sie in die richtige Reihenfolge. Lies den Text noch einmal sorgfältig durch.*
2	erledigt ☐ kontrolliert ☐	*Fasse die Fabel in ganzen Sätzen zusammen.* **Ein Stadtmaus traf eine Feldmaus** ______ ______ ______ ______ ______ ______
3	erledigt ☐ kontrolliert ☐	*Trenne die Wörter nach Silben. Schreibe ins Heft.* Stadtmaus – Feldmaus – Luxushaus – Speisekammer – Würste – Käse – gefüllt – fressen – Ruhestörung – Fallen – Entsetzen – Freiheit – Sicherheit – Felderdloch – Eicheln – Nüsse – Zuhause
4	erledigt ☐ kontrolliert ☐	*Das Komma steht zwischen Aufzählungen gleichartiger Satzglieder, wenn sie nicht durch* **und**, *bzw.* **oder** *verbunden sind. Setze ein Komma, wo es hingehört.* **a)** Feldmaus und Stadtmaus trafen sich. **b)** In der Speisekammer gab es Speck Würste Käse und Brot. **c)** Früher aß die Feldmaus Eicheln Nüsse oder auch Kastanien. **d)** Wer viel Geld Luxus und Gold hat muss sich Sorgen machen.
5	erledigt ☐ kontrolliert ☐	*Ein Wort hat eine Hauptbedeutung. Dazu hat es noch Nebenbedeutungen. Das sind Vorstellungen, die man mit dem Wort verbindet, wenn man es hört. Vervollständige die Tabelle in deinem Heft.*

Wort	Hauptbedeutung	Nebenbedeutungen
Maus	Tier	Nager, grau, flink, Angst, Schäden
Käse	Lebensmittel	
Koch	Beruf	
Würste		
Erdloch		
Villa		
Eicheln		

KOHL VERLAG Lernen mit Erfolg WOCHENPLAN FABELN / Klasse 3-4 – Bestell-Nr. 11 866

Der mit Salz beladene Esel

Text zu ⊙ Aufgaben

Der mit Salz beladene Esel

Ein mit einem Salzsack beladener Esel musste durch einen Fluss. Es war heiß und so blieb er einen Moment genüsslich in dem erfrischenden Wasser liegen. Als er aufstand, fühlte er sich um einen großen Teil seiner Last erleichtert, weil sich das Salz im Wasser aufgelöst hatte.

Der Esel merkte sich das.

Am nächsten Tag hatte er einen Sack mit Schwämmen geladen. Am Fluss angekommen, legte er sich sofort in das erfrischende Wasser.

Welche Täuschung!

Die Schwämme hatten nämlich das Wasser aufgesogen und waren bedeutend schwerer als vorher. Die Last war nun so groß, dass er nicht mehr aufstehen konnte.

Name: ______________ Klasse: ________ Wochenplan-Nr. _____ Abgabe am: ________

Wochenplan zu „Der mit Salz beladene Esel"

1	erledigt ☐ kontrolliert ☐	*Schaue dir die Bilderfolge der Fabel sorgfältig an.* *Lies die Fabel.*
2	erledigt ☐ kontrolliert ☐	*Wie ist die Lehre der Fabel? Kreuze an.* ☐ Der Esel hatte sich getäuscht. ☐ Salz löst sich in Wasser auf. ☐ Dasselbe Mittel hilft nicht in jedem Fall. ☐ Schwämme schrumpfen im Wasser.
3	erledigt ☐ kontrolliert ☐	*Schreibe die Sätze richtig ins Heft.* a) Der Esl merkte sih das. b) Das Sals löste sich im Waser auf. c) Die Schwemme quolen im Wasser auf. d) Der Esel konnte nicht mer auvstehen.
4	erledigt ☐ kontrolliert ☐	*Der Esel transportiert Säcke mit verschiedenen Inhalten. Er muss arbeiten. Suche 12 andere Wörter für das Wort arbeiten, die aber die gleiche Bedeutung haben.* werkeln – malochen – ______________________ ______________________
5	erledigt ☐ kontrolliert ☐	*Schreibe diesen Teil der Fabel richtig.* Ein mit einem Falzsack meladener Esel busste durch einen Sluss. Es war heib und so bließ er einen Woment genüsslich in dem erfrischenden Masser liegen. Als er aufstand gühlte er sich um einen froßen Teil seiner Sast erleichtert, weil sich das Lalz im Wasser aufgelöst hatte. Der Esel derkte sich mas. ______________________ ______________________ ______________________ ______________________ ______________________

KOHL VERLAG Lernen mit Erfolg WOCHENPLAN FABELN / Klasse 3-4 – Bestell-Nr. 11 866

Name: ______________________ Klasse: ________ Wochenplan-Nr. _____ Abgabe am: __________

! Wochenplan zu „Der mit Salz beladene Esel"

1	erledigt ☐ kontrolliert ☐	*Schaue dir die Bilderfolge der Fabel sorgfältig an.*
2	erledigt ☐ kontrolliert ☐	*Schreibe die Fabel zu den Bildern.* **Der mit Salz beladene Esel** Ein mit einem Salzsack beladener Esel musste durch einen Fluss. Es war heiß und ______________________ ______________________ ______________________ ______________________ ______________________ ______________________ *Wie lautete die Moral der Fabel?* ______________________ ______________________
3	erledigt ☐ kontrolliert ☐	*Setze die Verben in die einfache Vergangenheit (Präteritum).* er muss — er ________ er lädt — er ________ er liegt — er ________ er sieht — er ________ er steht — er ________ er bleibt — er ________ er merkt — er ________ er schwitzt — er ________
4	erledigt ☐ kontrolliert ☐	*Unterstreiche das/die Prädikat(e) in den Sätzen. Nach dem Prädikat fragt man: Was tut das Subjekt?* a) Der Esel kühlte sich im Wasser ab. b) Die Ladung Salz wog schwer. c) Die Schwämme sogen das Wasser auf. d) Sie bekamen ein größeres Gewicht. e) Das merkte der Esel schnell.
5	erledigt ☐ kontrolliert ☐	*Schreibe ein Haiku zum Text der Fabel. 5 Silben, 7 Silben, 5 Silben* **Beispiel:** Esel beladen ______________ Kühlt sich und Salz im Fluss ab ______________ Toll. Leichte Ladung. ______________

KOHL VERLAG WOCHENPLAN FABELN / Klasse 3-4 – Bestell-Nr. 11 866

Name: ____________________ Klasse: ________ Wochenplan-Nr. _____ Abgabe am: ________

★ Wochenplan zu „Der mit Salz beladene Esel"

1	erledigt ☐ kontrolliert ☐	*Schaue dir die Bilderfolge der Fabel sorgfältig an.*
2	erledigt ☐ kontrolliert ☐	*Schreibe die Fabel zu den Bildern.* **Der mit Salz beladene Esel** ______________________________ ______________________________ ______________________________ ______________________________ ______________________________ *Wie lautet die Moral der Fabel?* ______________________________ ______________________________
3	erledigt ☐ kontrolliert ☐	*Setze* ***dass*** *oder* ***das*** *ein.* ______ der Esel schwer beladen war, ______ merkte er daran, ______ er zu schwitzen begann. ______ kühle Nass kam ihm gerade recht. ______ Salz, ______ in dem Sack war, schmolz. ______ die Ladung leichter wurde, ______ merkte sich der Esel, denn ______ konnte er bei anderen Ladungen auch gut gebrauchen.
4	erledigt ☐ kontrolliert ☐	*Satzarten sind: Aussagesatz, Fragesatz, Ausrufesatz, Aufforderungssatz. Hinter dem Aussagesatz steht ein Punkt, hinter dem Fragesatz ein Fragezeichen, hinter dem Ausrufesatz und Aufforderungssatz ein Ausrufezeichen. Setze die passenden Satzzeichen ein.* **a)** Der Esel schwitzte wegen der schweren Ladung___ **b)** Er sah einen Fluss und befahl: „Komm her Fluss___" **c)** Der Fluss sprach: „Sprichst du mit mir in diesem Ton___" **d)** „Ist hier noch jemand, der Fluss heißt___" **e)** Der Fluss meinte beleidigt: „Du kannst mich mal___"
5	erledigt ☐ kontrolliert ☐	*Schreibe die Fabel so um, dass ein Reh den Esel beobachtet. Schreibe ins Heft.*

WOCHENPLAN FABELN / Klasse 3-4 – Bestell-Nr. 11 866

6. Der Löwe und die Maus

Ein Löwe brüllte; plötzlich kroch,
Aus seinem dunkeln Mauseloch
Ein Mäuschen an das Tageslicht,
Und horchte; schrecklich war's zu hören.
Und doch erschrak das Mäuschen nicht.
Ei, sprach's, er will uns brüllen lehren;
Und fing zu pfeifen an,
Und stand, und übte sich, dem Löwen nachzubrüllen.
Wenn ich die Tat nicht loben kann,
So lob ich doch den guten Willen.

Johann Gleim (1719–1803)

Eine Fabel ist aus drei Teilen aufgebaut:

Ausgangssituation
Streit / Gespräch
Lösung

Bezeichne die **Ausgangssituation** mit Zeilennummern.

von Zeile ______ bis Zeile ______

Bezeichne das „**Gespräch**" mit Zeilennummern.

von Zeile ______ bis Zeile ______.

Welcher Teil des Aufbaus fehlt bei der Fabel?

____

KOHL VERLAG WOCHENPLAN FABELN / Klasse 3-4 – Bestell-Nr. 11 866

Name: ______________________ Klasse: ________ Wochenplan-Nr. _____ Abgabe am: _________

Wochenplan zu „Der Löwe und die Maus"

1

erledigt ☐
kontrolliert ☐

Lies die Fabel.

Beantworte die Fragen.

2

erledigt ☐
kontrolliert ☐

Wie ist die Lehre der Fabel? Kreuze zwei Sätze an.

- ☐ Wie du mir, so ich dir.
- ☐ Mehr Schein als sein.
- ☐ Keine Angst vor brüllenden Löwen.
- ☐ Man soll nicht mehr scheinen wollen, als man ist.

3

erledigt ☐
kontrolliert ☐

Setze ein: ***ihn/ihr/in*** *oder* ***ihm/im****.*

Die Maus sitzt _____ Mauseloch. Da hört sie _____ brüllen. Aber sie erschreckt sich nicht vor _____. Sie kriecht aus dem Mauseloch und versucht _____ nachzuahmen. Die Maus will _____ nacheifern. _____ Piepsen klingt nicht sehr schrecklich. Ob sie damit _____der Tierwelt Schrecken verbreitet?

4

erledigt ☐
kontrolliert ☐

Der Relativsatz ist ein Nebensatz, der durch das Relativpronomen der, die, das eingeleitet wird. Der Relativsatz bezieht sich meistens auf ein Nomen im Hauptsatz.

Beispiel: Es war die Maus, die so piepste.

Bilde aus zwei Sätzen einen Hauptsatz mit einem Relativsatz.

a) Der Löwe kannte das Piepsen. Das Piepsen war urkomisch.
b) Die Maus kannte den Löwen. Der Löwe brüllte so laut.
c) Es war das Piepsen der Maus. Das Piepsen hörte man kaum.

5

erledigt ☐
kontrolliert ☐

Erzähle den Mittelteil der Fabel nach.

Ein Löwe brüllte. Es hörte sich schrecklich an. Das hörte auch eine Maus in ihrem dunklen Mauseloch.

____

____

____

Sie wollte wie der Löwe brüllen. Aber sie brachte nur Piepstöne zustande. Sie übte und übte, aber ein Gebrüll wollte nicht gelingen. Man soll eben nicht mehr scheinen wollen, als uns die Natur mitgegeben hat.

Name: ______________________ Klasse: ________ Wochenplan-Nr. _____ Abgabe am: ________

! Wochenplan zu „Der Löwe und die Maus"

1	erledigt ☐ kontrolliert ☐	Lies die Fabel. Beantworte die Fragen.
2	erledigt ☐ kontrolliert ☐	Mit welcher Begründung versucht die Maus zu brüllen? Notiere. ______________________________ ______________________________ Was hältst du von der Begründung? Notiere in ganzen Sätzen. ______________________________ ______________________________
3	erledigt ☐ kontrolliert ☐	**den** oder **denn**? Setze ein. Die Maus fühlte sich gestört, _____ ein Löwe brüllte durch die Gegend. Sie schlüpfte an den Eingang, _____ sie immer sorgfältig verschlossen hielt, _____ es gab viel Gesindel in der Gegend. Sie ging also nach draußen, ______ vor dem Gebrüll hatte sie keine Angst. Sie wollte dem Löwen, _____ sie gut kannte, zeigen, wie sie brüllen konnte. Doch der Ton, _____ sie herausbrachte, war nur ein Piepsen. Sie übte und übte, _____ irgendwann musste es klappen.
4	erledigt ☐ kontrolliert ☐	Suche mindestens 10 andere Wörter für das Wort **klein**. winzig – zwergenhaft – ______________________ ______________________________ ______________________________ ______________________________
5	erledigt ☐ kontrolliert ☐	Erzähle den Anfang und den Mittelteil der Fabel nach. ______________________________ ______________________________ ______________________________ ______________________________ ______________________________ Sie wollte wie der Löwe brüllen. Aber sie brachte nur Piepstöne zustande. Sie übte und übte, aber ein Gebrüll wollte nicht gelingen. Man soll eben nicht mehr scheinen wollen, als uns die Natur mitgegeben hat.

KOHL VERLAG Lernen mit Erfolg WOCHENPLAN FABELN / Klasse 3-4 – Bestell-Nr. 11 866

Name: ______________________ Klasse: ________ Wochenplan-Nr. _____ Abgabe am: ________

★ Wochenplan zu „Der Löwe und die Maus"

1

erledigt ☐
kontrolliert ☐

Lies die Fabel.

Beantworte die Fragen.

2

erledigt ☐
kontrolliert ☐

Was trifft zu? Kreuze an.

☐ Die Fabel zeigt, dass aus einem Löwen keine Maus wird.
☐ Die Fabel zeigt, wie man Brüllen übt.
☐ Die Fabel zeigt, dass man nicht mehr erscheinen soll, als man ist.
☐ Die Fabel zeigt, dass man ein Ziel trotz Training nicht erreicht.

3

erledigt ☐
kontrolliert ☐

Setze die passenden Satzzeichen.

a) Die Maus meinte: Will der uns das Brüllen lehren "
b) Sie rief: „Was der kann kann ich auch "
c) Sie übte übte und übte aber es half nichts.
d) Sie hatte den Mund zu voll genommen
e) Die Moral Nicht mehr Schein als sein

4

erledigt ☐
kontrolliert ☐

Finde die Fehler beim Gebrauch der Fälle und berichtige sie. Schreibe ins Heft.

Die Fabel erzählt von ein Löwen, der durch den Gegend brüllte. Die Maus hörte dem Gebrüll im Mauseloch. Schnell war sie an der Eingang und regte sich auf. Ob der Löwe uns den Gebrüll lehren will? Das kann ich schon lange. Sie plusterte dem Backen auf und versuchte es. Aber es kamen nur Piepstöne heraus.

5

erledigt ☐
kontrolliert ☐

Erzähle die Fabel als Text nach.

____

____

____

____

____

____

____

____

____

____

KOHL VERLAG WOCHENPLAN FABELN / Klasse 3-4 – Bestell-Nr. 11 866

7. Der Fuchs und der Holzhacker

Ein Fuchs floh vor Jägern. Nachdem er lange im Wald herumgelaufen war, fand er endlich einen Holzhacker. Der Fuchs bat ihn inständig, ihn bei sich zu verstecken. Der Holzhacker zeigte ihm seine Hütte. Der Fuchs huschte hinein und setzte sich in den hintersten Winkel.
Die Jäger kamen und erkundigten sich bei dem Holzhacker, ob er einen Fuchs gesehen habe.
Der Mann versicherte mit Worten, er wisse nichts, deutete aber gleichzeitig mit der Hand zur Hütte.
Die Jäger hatten nicht auf das Handzeichen geachtet und gingen weiter.
Der Fuchs sah sie fortgehen und kam aus der Hütte, ohne etwas zu sagen. Der Holzhacker machte ihm Vorwürfe, weil sich der Fuchs für die Rettung nicht bedankte.
Der Fuchs drehte sich noch einmal um und sagte: „Ich würde mich bedanken, wenn deine Handzeichen und deine Worte übereinstimmen würden."

Aufgabe: *Löse das Quiz zu der Fabel. Unterstreiche die richtige Antwort.*

1. Wie war der Holzhacker?
   a) ehrlich b) hinterlistig c) lieb
2. Bedankte sich der Fuchs für die Hilfe?
   a) ja b) später c) nein
3. Was zeigte der Holzhacker den Jägern mir der Hand?
   a) da drinnen b) ist weg c) da hinten
4. Wie reagierte der Fuchs hinterher?
   a) freundlich b) sauer c) traurig
5. Was wollte der Fuchs von dem Holzhacker?
   a) Schutz b) Holz c) Axt
6. Was tat der Holzhacker mit dem Fuchs?
   a) plaudern b) singen c) verraten

Name: ______________________ Klasse: ________ Wochenplan-Nr. _____ Abgabe am: ________

Wochenplan zu „Der Fuchs und der Holzhacker"

1	erledigt ☐ kontrolliert ☐	Lies die Fabel. Löse das Quiz zu der Fabel.
2	erledigt ☐ kontrolliert ☐	Erfinde andere passende Überschriften für die Fabel. a) ______________________ b) ______________________ c) ______________________ d) ______________________ e) ______________________
3	erledigt ☐ kontrolliert ☐	Sortiere die Wörter nach langem und kurzem Vokal. Holz – Hacker – Fuchs – Winkel – Schutz – Hilfe – List – Hand – Wort – Rettung – Wald – Weg **kurzer Vokal:** ______________________ **langer Vokal:** ______________________
4	erledigt ☐ kontrolliert ☐	Stelle die Satzglieder so um, dass sie einen sinnvollen Satz ergeben. a) floh Der vor den Fuchs Jägern. b) dingend Der Hilfe brauchte Fuchs. c) Holzhacker dem Er bei Schutz suchte. d) Jäger Holzhacker Die den fragten. e) Fuchs den verriet Holzhacker Der.
5	erledigt ☐ kontrolliert ☐	Vervollständige die Lücken mit Wörtern aus der Fabel. **(ü = ue, ä = ae)**

			H						V
		W	O			F			
	W				J			B	R
H	**O**	**L**	**Z**	**H**	**A**	**C**	**K**	**E**	**R**
		D							
	T			N	G	S	M	A	T
T				D			E		
T	N				R		N	K	
E								E	
								N	

KOHL VERLAG Lernen mit Erfolg WOCHENPLAN FABELN / Klasse 3-4 – Bestell-Nr. 11 866

Name: ______________ Klasse: ________ Wochenplan-Nr. _____ Abgabe am: ________

! Wochenplan zu „Der Fuchs und der Holzhacker"

1

erledigt ☐
kontrolliert ☐

Lies die Fabel.

Löse das Quiz zu der Fabel.

2

erledigt ☐
kontrolliert ☐

Beantworte die Fragen in ganzen Sätzen. Schreibe ins Heft.

a) Warum suchte der Fuchs Hilfe?
b) Wie bekam er Hilfe?
c) Wie verhielt sich der Mann gegenüber den Jägern?
d) Warum bedankte sich der Fuchs nicht?

3

erledigt ☐
kontrolliert ☐

Durch einen vorangehenden Artikel oder eine Präposition werden Verben zu Nomen. Beispiel: beim Zuhören, das Laufen.

Entscheide, ob Groß- oder Kleinschreibung zutrifft.

a) Zum längeren (F/f) ____ lüchten hatte er keine Puste mehr.
b) Er sah den Mann beim (H/h)____ olzhacken.
c) Der Mann half den Jägern mit Handzeichen beim (S/s) ____ uchen.
d) Der Fuchs war am (M/m) ____ eisten über den Verrat sauer.

4

erledigt ☐
kontrolliert ☐

Setze die Präpositionen ein:

durch – neben – über – auf – vom – zwischen – durch

Die Jäger hatten es ______ das Leben des Fuchses abgesehen. Der Fuchs irrte ______ den Wald. Die Hütte des Mannes stand ______ zwei Bäumen. Die Jäger kamen ______ den Wald. Sie blieben ______ dem Mann stehen. Der Fuchs ärgerte sich ______ den Verrat. Er hatte das Handzeichen ______ Haus aus gesehen.

5

erledigt ☐
kontrolliert ☐

Setze Wörter aus der Fabel ein.

(ü = ue, ä = ae)

								B	
H	O	L	Z	H	A	C	K	E	R
								D	
								A	
								N	
								K	
								E	
								N	

KOHL VERLAG Lernen mit Erfolg WOCHENPLAN FABELN / Klasse 3-4 – Bestell-Nr. 11 866

Name: ____________ Klasse: ________ Wochenplan-Nr. _____ Abgabe am: ________

✶ Wochenplan zu „Der Fuchs und der Holzhacker"

1	erledigt ☐ kontrolliert ☐	*Lies die Fabel.* *Löse das Quiz zu der Fabel.*
2	erledigt ☐ kontrolliert ☐	*Schreibe die Moral der Fabel auf.* ______________________________ ______________________________
3	erledigt ☐ kontrolliert ☐	*Wörter mit den Endungen* **-ung, -heit, -keit** *schreibt man groß.* *Hänge die passende Endung an.* Hinterhältig______, Rett______, Gemein______, Hinterlistig______, Unehrlich______, Inständig______, Dankbar______, Unfreundlich______, Handl______, Gleichzeitig______, Erkundig______
4	erledigt ☐ kontrolliert ☐	*Zusammengesetzte Nomen bestehen aus dem Bestimmungswort und dem Grundwort. Der Artikel richtet sich nach dem Grundwort.* **Beispiel:** die Tomaten + der Saft = der Tomatensaft *Setze die beiden Nomen zusammen und bestimme den Artikel.* der Schwanz + der Fuchs = ______________ das Holz + der Hacker = ______________ die Hütte + das Holz = ______________ das Zeichen + die Hand = ______________ das Wort + die Spiele = ______________
5	erledigt ☐ kontrolliert ☐	*Löse das Silbenrätsel.* be – chen – cker – dan – Frag – ge – gen – ger – ha – Hand – he – hen – Holz – Jä – ir – kel – ken – rat – ren – rum – te – Ver – weg – Win – Wor – zei a) Die suchten den Fuchs ______________ b) Das tat der Fuchs im Wald ______________ c) Der half dem Fuchs ______________ d) Dahin setzte sich der Fuchs ______________ e) Die stellten die Jäger ______________ f) Das sprach der Holzhacker ______________ g) Das machte der Holzhacker ______________ h) Das machte der Fuchs nicht ______________ i) Das machte der Fuchs zum Schluss ______________ j) Das nennt man ______________

WOCHENPLAN FABELN / Klasse 3-4 – Bestell-Nr. 11 866

8. Seltsamer Spazierritt

Ein Mann ritt auf seinem Esel nach Hause und ließ seinen Sohn zu Fuß nebenher laufen.

Da kam ein Wanderer und sagte: „Das ist nicht recht, Vater, dass du reitest und deinen Sohn laufen lässt. Du hast doch stärkere Glieder." Der Vater stieg vom Esel herab und ließ den Sohn reiten.

Da begegneten sie einem anderen Wanderer. Dieser fragte den Sohn zornig: „Wie kannst du reiten und deinen Vater zu Fuß laufen lassen? Du hast jüngere Beine." Da setzten sich beide auf den Esel und ritten eine Strecke.

Bald darauf trafen sie einen dritten Wanderer. Er sagte: „Steigt sofort ab. Ich habe in meinem Leben nie so dumme Kerle gesehen. Begreift ihr denn nicht, dass ihr für das schwache Tier zu schwer seid?" Vater und Sohn gehorchten dem zornigen Mann, stiegen ab und gingen neben dem Esel her.

Nach einiger Zeit kam ihnen ein vierter Wanderer entgegen. Als er die drei gehen sah, schüttelte er verwundert den Kopf und fragte sie: „Ist es nicht genug, wenn zwei zu Fuß gehen? Einer soll doch reiten." Da banden sie dem Esel die Vorderbeine und Hinterbeine zusammen, steckten einen dicken Pfahl durch und hoben das Tier auf die Schultern. Auf diese Weise wurde der Esel heimgetragen.

Aufgabe: *Zeichne die Fabel als Bilderfolge.*

Name: ________________ Klasse: ________ Wochenplan-Nr. _____ Abgabe am: ________

Wochenplan zu „Seltsamer Spazierritt"

1	erledigt ☐ kontrolliert ☐	Lies den Text. Löse die Aufgabe.
2	erledigt ☐ kontrolliert ☐	Welche Lehre kann man aus der Fabel ziehen? Kreuze an. ☐ Wanderer sind Trottel. ☐ Einer ist immer der Dumme. ☐ Man kann es nicht jedermann recht machen: ☐ Esel haben es gemütlich.
3	erledigt ☐ kontrolliert ☐	Ergänze die Lücken in den Wörtern aus dem Text. So_____n – Fu____ – Gl______der – zorni____ – Stre______e – du______e – T______r – v______rte – schü______elte – ____orderbeine – zusa______en – ste______en – di______en – Pfa____l – W______se
4	erledigt ☐ kontrolliert ☐	Immer zwei Wortpaare passen zusammen. **Beispiel: Auto** und **Straße** stehen zueinander wie **Zug** und **Schiene**. Finde das 4. Wort zu den Wortpaaren. Bein – Fuß / Arm – ____________ Ohr – hören / Auge – ____________ Mund – Sprechen / Nase – ____________ Zunge – schmecken / Zähne – ____________ Zehen – laufen / Finger – ____________
5	erledigt ☐ kontrolliert ☐	Beantworte die Fragen in vollständigen Sätzen. a) Was verlangte der 1. Wanderer? ____________ b) Wer verlangte, dass Vater und Sohn nebenher laufen sollen? ____________ c) Wie behalfen sich Vater und Sohn zum Schluss? ____________ d) Wem wollten Vater und Sohn es recht machen? ____________

KOHL VERLAG Lernen mit Erfolg WOCHENPLAN FABELN / Klasse 3-4 – Bestell-Nr. 11 866

Name: ______________________ Klasse: ________ Wochenplan-Nr. _____ Abgabe am: ________

! Wochenplan zu „Seltsamer Spazierritt"

<table>
<tr><td>1</td><td>erledigt ☐
kontrolliert ☐</td><td>Lies den Text.
Löse die Aufgabe.</td></tr>
<tr><td>2</td><td>erledigt ☐
kontrolliert ☐</td><td>Welche Lehre kann man aus der Fabel ziehen? Kreuze an.
☐ Der dritte Wanderer hatte recht.
☐ Vater und Sohn sind folgsam.
☐ Der Esel freute sich zum Schluss.
☐ Wer zuletzt lacht, lacht am besten.
☐ Man kann es nicht allen recht machen.
☐ Der Letzte ist der Dumme.</td></tr>
<tr><td>3</td><td>erledigt ☐
kontrolliert ☐</td><td>Suche Reimwörter zu den Wörtern.
<table><tr><td>Sohn</td><td></td><td>Leben</td><td></td></tr><tr><td>Esel</td><td></td><td>Kopf</td><td></td></tr><tr><td>Beine</td><td></td><td>Glieder</td><td></td></tr><tr><td>Vater</td><td></td><td>Fuß</td><td></td></tr><tr><td>Mann</td><td></td><td>Pfahl</td><td></td></tr><tr><td>reiten</td><td></td><td>Tier</td><td></td></tr></table></td></tr>
<tr><td>4</td><td>erledigt ☐
kontrolliert ☐</td><td>Suche 10 Wörter zur Wortfamilie Körper.
Bei einer Wortfamilie werden durch Vor- und Nachsilben an das Stammwort und Zusammensetzungen mit dem Stammwort neue Wörter.
Beispiel: Körper + Sprache = Körpersprache
Körperschaft – Körpersprache – ______________________
____
____
______________________</td></tr>
<tr><td>5</td><td>erledigt ☐
kontrolliert ☐</td><td>Beantworte die Fragen in vollständigen Sätzen. Schreibe ins Heft.
a) Was verlangte der 2. Wanderer?
b) Welchen Grund gab der 1. Wanderer an?
c) Was amüsierte den 4. Wanderer?
d) Wozu entschlossen sich Vater und Sohn zum Schluss?
e) Warum reagieren Vater und Sohn mit ihrem Verhalten auf jeden der Wanderer?</td></tr>
</table>

WOCHENPLAN FABELN / Klasse 3-4 – Bestell-Nr. 11 866

Name: ______________________ Klasse: ________ Wochenplan-Nr. _____ Abgabe am: ________

✶ Wochenplan zu „Seltsamer Spazierritt"

1	erledigt ☐ kontrolliert ☐	*Lies den Text.* *Löse die Aufgabe.*
2	erledigt ☐ kontrolliert ☐	*Welchen Grund hatten Vater und Sohn für ihr Verhalten? Hätten sie auch anders handeln können? Notiere in ganzen Sätzen.* ______________________ ______________________ ______________________ ______________________
3	erledigt ☐ kontrolliert ☐	*Nach dem Doppelpunkt schreibt man klein, wenn kein ganzer Satz folgt. Schreibe richtig.* a) Das waren die Folgen: _____einem konnte sie es recht machen b) Das war die Lösung: _____eitergehen c) Das hätten sie nicht erwartet: _____eder sagt etwas anderes. d) Der Grund: _____ie wollten es allen recht machen.
4	erledigt ☐ kontrolliert ☐	*Unterstreiche den 3. Fall (Dativ) rot und den 4. Fall (Akkusativ) blau in den Sätzen.* a) Die Wanderer kritisierten Vater und Sohn. b) Sie konnten es keinem recht machen. c) Der Esel war völlig gestresst von dem Auf und Ab. d) Schließlich trugen sie den Esel nach Hause.
5	erledigt ☐ kontrolliert ☐	*Schreibe eine Zusammenfassung der Fabel aus der Sicht des Sohnes. Denke bei den Verben an die Vergangenheitsform.* Wir waren auf dem Weg nach Hause. Mein Vater ritt auf unserem Esel und ich lief nebenher. ______________________ ______________________ ______________________ ______________________ ______________________ ______________________

KOHL VERLAG Lernen mit Erfolg WOCHENPLAN FABELN / Klasse 3-4 – Bestell-Nr. 11 866

Die Viper und die Wasserschlange

Eine Viper kroch regelmäßig zu einer ____________, um zu trinken. Dort wohnte aber eine Wasserschlange, die sie daran hindern wollte. Sie ärgerte sich darüber, dass die Viper in ihr ____________ eindrang.
Als der Streit zunahm, vereinbarten sie, miteinander zu kämpfen. Dem ____________ sollten die Quelle und das Revier gehören.
Sie hatten den ____________ für den Kampf festgelegt.
Die Frösche hassten die Wasserschlange und besuchten die ____________, um ihr Mut zu machen. Sie erklärten ihr auch: „Wir kämpfen mit dir auf deiner Seite."
Als die ____________ begonnen hatte, kämpfte die Viper mit der Wasserschlange. Die Frösche aber stimmten ein lautes Geschrei an.
Die Viper siegte.
Sie beschuldigte die Frösche, nicht auf ihrer Seite gekämpft zu haben, sondern sie nur mit riesigem Geschrei unterstützt zu haben.
Die Frösche sagten zur Viper: „Ja, aber du solltest wissen, dass unser Versprechen nicht auf ____________, sondern auf ____________ beruhte."

Moral: Wo es nötig ist zuzupacken sind bloße Worte keine Hilfe.

Aufgabe: *Setze die Wörter in den Text ein.*

Geschrei – Quelle – Zeitpunkt – Schlacht – Taten – Revier – Viper – Sieger

Aufgabe: *Male die Schlangen aus.*

KOHL VERLAG Lernen mit Erfolg WOCHENPLAN FABELN / Klasse 3-4 – Bestell-Nr. 11 866

Name: ______________ Klasse: ________ Wochenplan-Nr. _____ Abgabe am: ________

Wochenplan zu „Die Viper und die Wasserschlange"

1	erledigt ☐ kontrolliert ☐	Setze die passenden Wörter in den Lückentext ein. Lies die Fabel noch einmal sorgfältig durch. Löse die Aufgabe unter der Fabel.
2	erledigt ☐ kontrolliert ☐	Trifft die Moral der Fabel immer zu? Schreibe deine Meinung. ______________________ ______________________ ______________________
3	erledigt ☐ kontrolliert ☐	Setze die passenden Doppelkonsonanten in die Wörter aus dem Text ein. Que_____e – Wa_____erschlange – so_____ten – ha_____ten – bego_____en – ha_____e – sti_____ten – wi_____en – wo_____en – a_____e
4	erledigt ☐ kontrolliert ☐	Setze den richtigen Artikel und die richtige Endung des Nomens ein.
5	erledigt ☐ kontrolliert ☐	Schreibe ein Akrostichon zum Text.

Fall	männlich	weiblich	sächlich
Nominativ: 1. Fall	der Frosch	die Schlange	das Wasser
Genitiv: 2. Fall			
Dativ: 3. Fall			
Akkusativ: 4. Fall			

Z ______________________
E ______________________
I ______________________
T ______________________
P ünktlich begann der Kampf.
U ______________________
N ______________________
K ______________________
T ______________________

WOCHENPLAN FABELN / Klasse 3-4 – Bestell-Nr. 11 866
KOHL VERLAG Lernen mit Erfolg

Name: ______________ Klasse: ______ Wochenplan-Nr. ____ Abgabe am: ______

! Wochenplan zu „Die Viper und die Wasserschlange"

1	erledigt ☐ kontrolliert ☐	Setze die passenden Wörter in den Lückentext ein. Lies die Fabel noch einmal sorgfältig durch. Löse die Aufgabe unter der Fabel.
2	erledigt ☐ kontrolliert ☐	Hat dich schon einmal jemand mit Taten unterstützt? Beschreibe. ______________________ ______________________ Kennst du jemanden, der in der Not gehandelt und nicht geredet hat? Beschreibe. ______________________ ______________________
3	erledigt ☐ kontrolliert ☐	Hier ist ein Satz aus dem Text versteckt. Finde ihn. KLOMUTDIEVFNMFRÖHÄDISCHFRÖSCHEJUZTHHASTELOKIZLP POUHASSTENREFTSWDIEMKUTZÖSSWMNPOWASSERSCHLAN- GEUTTREFASD
4	erledigt ☐ kontrolliert ☐	Setze den richtigen Artikel und die richtige Endung des Nomens ein. (siehe Tabelle unten)
5	erledigt ☐ kontrolliert ☐	Der Limerick ist eine fünfzeilige Gedichtform. Zeilen 1, 2 und 5 müssen sich im Reim entsprechen, ebenso die Zeilen 3 und 4. Schreibe zwei Limericks – möglichst zum Text. Schreibe ins Heft. **Beispiel:** Da gab's eine Viper in Celle, die durfte nicht an die Quelle. Es kam zur Schlacht, mit ner dicken Tracht. Nun macht sie nicht mehr die Welle.

Tabelle zu Aufgabe 4:

Präsens	Perfekt	Präteritum	Futur
ich gebe	ich habe gegeben	ich gab	ich werde geben
ich kämpfe			
ich mache			
ich schreie			
ich siege			
ich sage			

WOCHENPLAN FABELN / Klasse 3-4 – Bestell-Nr. 11 866

Name: ______________ Klasse: ________ Wochenplan-Nr. _____ Abgabe am: ________

★ Wochenplan zu „Die Viper und die Wasserschlange"

1	erledigt ☐ kontrolliert ☐	*Setze die passenden Wörter in den Lückentext ein.* *Lies die Fabel noch einmal sorgfältig durch.* *Löse die Aufgabe unter der Fabel.*
2	erledigt ☐ kontrolliert ☐	*Schreibe eine Wegwerfgeschichte zu dem Text.* • Eine Wegwerfgeschichte ist eine kurze Geschichte. • Eine Wegwerfgeschichte schreibt man auf einen Zettel. • In einer Wegwerfgeschichte kann man fantasieren. • In einer Wegwerfgeschichte muss man nicht auf die Rechtschreibung achten. • Eine Wegwerfgeschichte liest du jemandem vor und wirfst sie dann weg, weil sie keiner mehr braucht.
3	erledigt ☐ kontrolliert ☐	Verben können in der Grundform zu Nomen werden und werden dann groß geschrieben. Ob sie groß geschrieben werden, erkennst du am Artikel davor. **Beispiel:** Das Brummen erschreckte den Hasen. *Entscheide: Groß- oder Kleinschreibung? Schreibe ins Heft.* **a)** Das (S/s) treiten um die Quelle brachte keine Lösung. **b)** Die Frösche begannen zu (S/s) chreien. **c)** Das (K/k) ämpfen um die Quelle wäre unnötig gewesen. **d)** Doch das (L/l) ösen des Streits erfolgte im Kampf.
4	erledigt ☐ kontrolliert ☐	*Mit den Konjunktionen „und", „weil" und „nachdem" verbindet man Sätze und Satzteile. Verbinde die Sätze und Satzteile durch Konjunktionen. Schreibe ins Heft.* **a)** Die Viper hatte Ärger. Die Viper wollte an die Quelle. **b)** Der Streit konnte nicht geschlichtet werden. Es kam zum Kampf. **c)** Die Frösche versprachen Hilfe. Sie hatten ihr Mut gemacht. **d)** Die Viper bekam die Quelle. Sie hatte gesiegt.
5	erledigt ☐ kontrolliert ☐	*Setze deine Fantasie ein und finde andere Wörter.*

Dogma	Hundemutter	Abführmittel	
Erdgeschoss		Anja	
Eintagsfliege		Geländer	
Fassade		Ballade	

KOHL VERLAG Lernen mit Erfolg WOCHENPLAN FABELN / Klasse 3-4 – Bestell-Nr. 11 866

10. Die beiden Bauern

Die beiden Bauern Hein und Kilian gingen mit ihren Waren zum Markt. Sie mussten durch einen Wald. Der Weg war eng. Hein ging voran, Kilian hinter ihm.

Hein sah einen Sack mit Geld im Gras liegen. Er rafft ihn gierig an sich und steckt ihn lächelnd ein.

„Ein toller Fund", meinte Kilian. „Das Geld können wir gut gebrauchen." „WIR? ICH habe das Geld gefunden, also gehört es mir allein", rief Hein. Kilian ließ enttäuscht die Schultern hängen: „Und ich dachte, die Hälfte sei für mich."

Plötzlich sprangen einige Räuber aus dem Gebüsch. Hein klapperte vor Panik und schrie: „Wir sind verloren." „WIR?", rief Kilian, „Das richtige Wort ist DU". Behände sprang er ins dichte Gebüsch.

Hein kam wegen des schweren Geldsacks nicht so schnell von der Stelle. Die Räuber hatten ihn schon umringt. „Geld oder Blut", riefen sie. Hein in seiner Todesangst gab ihnen den Geldsack.

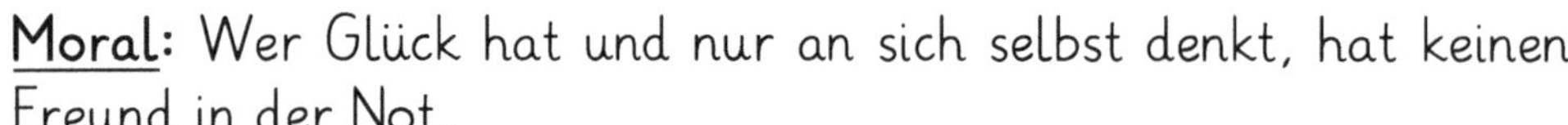

Moral: Wer Glück hat und nur an sich selbst denkt, hat keinen Freund in der Not.

Aufgabe: *Zeichne die Fabel als Bilderfolge mit Strichmännchen.*

1

2

3

4

Name: ______________________ Klasse: ________ Wochenplan-Nr. _____ Abgabe am: ________

Wochenplan zu „Die beiden Bauern"

1	erledigt ☐ kontrolliert ☐	*Lies die Fabel noch einmal sorgfältig durch.* *Löse die Aufgabe unter der Fabel.*
2	erledigt ☐ kontrolliert ☐	*Schreibe ein Elfchen zu der Fabel. Ein Elfchen besteht aus 11 Wörtern: 1. Zeile = 1 Wort, 2. Zeile = 2 Wörter, 3. Zeile = 3 Wörter, 4. Zeile = 4 Wörter, 5. Zeile = 1 Wort* **Beispiel:** Hein ______________ findet Geldsack ______________ will nicht teilen ______________ Raubüberfall: „Geld oder Blut" ______________ futsch. ______________
3	erledigt ☐ kontrolliert ☐	*An diesen Endungen erkennst du ein Nomen:* ***-ung***, ***-heit***, ***-keit***, ***-schaft***. *Dann weißt du, dass das Wort groß geschrieben werden muss. Suche zu jedem Nomen die passende Endung.* Wald __________, Enttäusch __________, Schnellig __________, Freund __________, Besonder __________, Bauern __________, Gemein __________, Frech __________, Richtig __________
4	erledigt ☐ kontrolliert ☐	*Bei Vergleichen verwendet man* ***als*** *oder* ***wie***. *Ist etwas gleich, dann benutzt man* ***wie***. *Ist etwas ungleich, dann benutzt man* ***als***. *Setze als oder wie ein.* **a)** Hein fand den Geldsack schneller (wie/als) ______Kilian. **b)** Kilian war schneller im Gebüsch (wie/als) ______Hein. **c)** Hein war so groß (wie/als) ______der Räuber. **d)** Der Räuber rief: „Gib mehr Geld (wie/als) ______Blut." **e)** Kilian freute sich genau (als/wie) ______Hein über den Fund.
5	erledigt ☐ kontrolliert ☐	*Was ist mit den Sätzen los? Schreibe ins Heft.* **a)** Den Geldsack nahm Hein aus dem Gras auf. **b)** Hein sprang aus dem Gebüsch und überfiel Der Räuber. **c)** Die Waren trugen die Bauern zum Markt. **d)** den Geldsack war Bauer Hein los. **e)** das Glück sollen Die Bauern teilen.

WOCHENPLAN FABELN / Klasse 3-4 – Bestell-Nr. 11 866

Name: ______________________ Klasse: ________ Wochenplan-Nr. _____ Abgabe am: ________

! Wochenplan zu „Die beiden Bauern"

1	erledigt ☐ kontrolliert ☐	*Lies die Fabel noch einmal sorgfältig durch.* *Löse die Aufgabe unter der Fabel.*
2	erledigt ☐ kontrolliert ☐	*Löse das Kammrätsel. Wie heißt das Lösungswort?* 1 Dahin wollten die beiden Bauern. 2 Die überfielen sie. 3 Das wollte Hein nicht mit Kilian. 4 Das hatte es Kilian beim Überfall. 5 Das war der Weg zum Markt. Lösungswort: _ _ _ _ _ _ _ _ _ 1 2 3 4 5 ä = ae
3	erledigt ☐ kontrolliert ☐	***wahr*** *oder* ***war****? Fülle die Lücken.* Ist es ______, dass Hein einen Geldsack fand? Das hatte ihm eine ______sagerin voraus gesagt. Das ______ nun ______haftig eingetreten. Er hatte un______scheinlich großes Glück. Aber er ______ geizig. Er wollte nicht teilen. Das ist die ganze ______heit der Geschichte.
4	erledigt ☐ kontrolliert ☐	*Wie heißt der Genitiv (2. Fall)? Schreibe ins Heft.* der Bauer – das Geld – der Räuber – die Waren – der Markt – der Sack – der Sprung – die Bäume
5	erledigt ☐ kontrolliert ☐	*Schreibe ein Haiku zum Text der Fabel. 5 Silben, 7 Silben, 5 Silben* **Beispiel:** *Hein findet Geldsack* *Räuber kommen gelaufen* *Zastersack ist futsch* ______________________ ______________________ ______________________

KOHL VERLAG WOCHENPLAN FABELN / Klasse 3-4 – Bestell-Nr. 11 866

Name: ______________ Klasse: ________ Wochenplan-Nr. _____ Abgabe am: ________

★ Wochenplan zu „Die beiden Bauern"

1	erledigt ☐ kontrolliert ☐	*Lies die Fabel noch einmal sorgfältig durch.* *Löse die Aufgabe unter der Fabel.*
2	erledigt ☐ kontrolliert ☐	*Schreibe Fragen zu den Antworten.* a) ______________________ Die beiden Bauern wollten mit ihren Waren zum Markt. b) ______________________ Hein nahm einen Geldsack aus dem Gras auf. c) ______________________ Kilian dachte, dass ihm die Hälfte gehöre. d) ______________________ Plötzlich kam ein Räuber aus dem Gebüsch. e) ______________________ Kilian rettete sich ins Gebüsch. f) ______________________ Hein übergab dem Räuber den Geldsack.
3	erledigt ☐ kontrolliert ☐	*Schreibe den Text mit Lücken und Groß- und Kleinschreibung richtig ins Heft.* kiliansprangingsgebüschaberheinkamwegendesschweren geldsacksnichtsoschnellvonderstelle.
4	erledigt ☐ kontrolliert ☐	*Setze den richtigen Begriff ein: rührend / gerührt / rührig.* a) Kilian war __________, denn er sprang schnell ins Gebüsch. b) Der Räuber war von Heins Angst nicht __________. c) Hein fand es __________, dass ihn Kilian hinterher tröstete.
5	erledigt ☐ kontrolliert ☐	*Schreibe die Redensarten über Geld richtig ins Heft.* 1. mit Geld — a) regiert die Welt 2. Geld — b) stinkt nicht 3. ohne Moos — c) um sich schmeißen 4. Geld — d) für 'n Appel und 'n Ei 5. Geld — e) auf den Kopf hauen 6. Bekommst du — f) nix los

KOHL VERLAG WOCHENPLAN FABELN / Klasse 3-4 – Bestell-Nr. 11 866

Lösung: Wochenplan zu „Was ist eine Fabel?"

1	erledigt ☐ kontrolliert ☐	☐ In der Fabel reden nur Gegenstände. ☒ Tiere und Gegenstände stellen Menschen dar. ☒ Fabeln haben mit dem wirklichen Leben zu tun. ☒ Die Fabel erzählt die Wahrheit über menschliche Schwächen.
2	erledigt ☐ kontrolliert ☐	a) Fabeln sind in der Vergangenheit geschrieben. b) Die Fabel besteht aus: Ausgangssituation, Streit / Gespräch, Lösung c) Am Ende der Fabel steht die Lehre oder Moral. d) Die Fabel stellt die Schwächen der Menschen dar.
3	erledigt ☐ kontrolliert ☐	Hund, Hase, Freund, Feind, Moment, Jagdhund, Lippen, Fabel, Mensch, Moral
4	erledigt ☐ kontrolliert ☐	a) Hase, Fabel, Tier b) Hund, Lösung, Moral c) Hase, Mensch, Schwäche d) Eigenschaft, Hase, Hund
5	erledigt ☐ kontrolliert ☐	Individuelle Lösung: **Der Hund und der Schatten** Ein Hund lief über einen Steg, der über einen Bach führte. Im Maul trug er ein Stück Fleisch, dessen Schatten im Wasser viel größer erschien. Vor Gier ... schnappte er nach dem größeren Stück im Bach. Dabei fiel ihm das Stück Fleisch aus dem Maul und fiel ins Wasser. So wurde seine Gefräßigkeit bestraft.

Lösung: Wochenplan zu „Was ist eine Fabel?"

1	erledigt ☐ kontrolliert ☐	☒ Menschliche Schwächen sind ein Thema der Fabel. ☒ Die gleichen Tiere haben gleiche Eigenschaften. ☒ In einer Fabel wird immer die Zeit genannt. ☒ Die Fabel ist eine besondere Geschichte
2	erledigt ☐ kontrolliert ☐	a) Thema einer Fabel sind die menschlichen Schwächen. b) Er will die Wahrheit über die Schwächen verpacken. c) Es fehlen Zeit-, Ortsangaben und Schilderungen. d) Aus der Moral sollten die Menschen etwas lernen. e) Fabeln gibt es seit 3000 Jahren.
3	erledigt ☐ kontrolliert ☐	ich schrei – ich schrie – ich küsse – ich küsste ich sage – ich sagte – ich fange – ich fing ich trotte – ich trottete – ich beiße – ich biss ich erkenne – ich erkannte – ich drehe – ich drehte
4	erledigt ☐ kontrolliert ☐	Biss – Entscheidung – Fabel – Hase – Hund – Kuss – Mensch – Moral – Schrei – Tier – Unsicherheit – Weggang
5	erledigt ☐ kontrolliert ☐	**Der Hund und der Schatten** Ein Hund lief über einen Steg, der über einen Bach führte. Im Maul trug er ein Stück Fleisch, dessen Schatten im Wasser viel größer erschien. Vor Gier schnappte er nach dem größerer. Stück im Bach. Dabei fiel ihm das Stück Fleisch aus dem Maul und fiel ins Wasser. So wurde seine Gefräßigkeit bestraft.

★ **Lösung: Wochenplan zu „Was ist eine Fabel?"**

1 erledigt ☐ kontrolliert ☐

- ☐ Eine Fabel enthält keine Lehre für die Menschen.
- ☐ Eine Fabel ist eine lange, umständliche Geschichte.
- ☒ Die Fabel sollte die Wahrheit über Schwächen verpacken.
- ☐ Die Fabel ist immer in der Gegenwart (Präsens) geschrieben.

2 erledigt ☐ kontrolliert ☐

Individuelle Lösungen:

E s gibt eine Dreiteilung in der Fabel.
I n der Fabel stellen Tiere und Gegenstände Menschen dar.
G leiche Tiere haben gleiche Eigenschaften.
E ine Fabel hat mit dem wirklichen Leben zu tun.
N icht Zeit, Ort oder Schilderungen sind im Text enthalten.
S ie ist in der Vergangenheit geschrieben.
C harakterzüge von Menschen werden bildhaft dargestellt.
H inter jeder Fabel steckt eine Moral.
A lle Tiere stellen menschliche Schwächen dar.
F abeln verpacken die Wahrheit über menschliche Schwächen.
T hema der Fabel sind die menschlichen Schwächen.
E ine Fabel ist eine kurze und besondere Geschichte.
N ach 3000 Jahren gibt es noch immer Fabeln.

3 erledigt ☐ kontrolliert ☐

V anschreien	A unsicher	N Schwäche	A menschlich
N Wahrheit	V verpacken	N Lehre	V trotten

4 erledigt ☐ kontrolliert ☐

Die Fabel ist kein **Rat** an einen Menschen, der um ein **Bad bat**, weil er gerne mit dem **Rad** über das **Feld** fährt und dabei jedes Mal in den Dreck **fällt**.

5 erledigt ☐ kontrolliert ☐

Der Hund und der Schatten

Ein Hund lief über einen Steg, der über einen Bach führte.
Im Maul trug er ein Stück Fleisch, dessen Schatten im Wasser viel größer erschien. Vor Gier schnappte er nach dem größeren Stück im Bach. Dabei fiel ihm das Stück Fleisch aus dem Maul und fiel ins Wasser. So wurde seine Gefräßigkeit bestraft.

⊙ **Lösung: Wochenplan zu „Der eitle Spatz und der Wurm"**

1 erledigt ☐ kontrolliert ☐

Wiese – Futter – fetten – flog – Luft – kleine – versorgen – Bruder – dicker – listige – Chance – schön – Schnabel – Wurm – Boden

2 erledigt ☐ kontrolliert ☐

- ☒ Hochmut kommt vor dem Fall.
- ☐ Schönheit macht dumm.
- ☒ Lass dich nicht von Schmeicheleien täuschen.

3 erledigt ☐ kontrolliert ☐

oVgel:	Vogel	ruderB:	Bruder
naSchbel:	Schnabel	seieW:	Wiese
urWm:	Wurm	Boned:	Boden

4 erledigt ☐ kontrolliert ☐

eitel	eitler	am eitelsten
fett	fetter	am fettesten
klein	kleiner	am kleinsten
dick	dicker	am dicksten
listig	listiger	am listigsten
schön	schöner	am schönsten

5 erledigt ☐ kontrolliert ☐

Vögel fressen gerne Würmer.
Sie suchen im Gras nach ihnen.
Das wissen die Würmer.
Dieser Wurm hat sich vorbereitet.
Er verlässt sein Erdloch nie ohne Baseball-Schläger.
Der nächste freche Vogel bekommst eins auf die Birne.
Der Vogel staunt ganz schön, als er den bewaffneten Wurm sah.
Er traute sich nicht an den Wurm heran.

!

Lösung: Wochenplan zu „Der eitle Spatz und der Wurm"

1	erledigt ☐ kontrolliert ☐	Wiese – Futter – fetten – flog – Luft – kleine – versorgen – Bruder – dicker – listige – Chance – schön – Schnabel – Wurm – Boden
2	erledigt ☐ kontrolliert ☐	☐ Keiner soll sich wehren. ☒ Hochmut kommt vor dem Fall. ☐ Der eine hoch, der andere mutig. ☐ Schmeicheleien sind immer gut. ☒ Lass dich nicht von Schmeicheleien täuschen.
3	erledigt ☐ kontrolliert ☐	listig – schmeichlerisch – hungrig – hochmütig – dicklich – fettig – schrecklich – flehentlich – letztlich – eigentlich – unfreundlich – dümmlich – mutig
4	erledigt ☐ kontrolliert ☐	listig – listiger – am listigsten fett – fetter – am fettesten mutig – mutiger – am mutigsten hochmütig – hochmütiger – am hochmütigsten dumm – dümmer – am dümmsten eitel – eitler – am eitelsten
5	erledigt ☐ kontrolliert ☐	**Der Spatz ist:** eitel, hungrig, dumm **Beide sind:** entschlossen, tatkräftig **Der Wurm ist:** listig, mutig, pfiffig

Lösung: Wochenplan zu „Der eitle Spatz und der Wurm"

1	erledigt ☐ kontrolliert ☐	Wiese – Futter – fetten – flog – Luft – kleine – versorgen – Bruder – dicker – listige – Chance – schön – Schnabel – Wurm – Boden
2	erledigt ☐ kontrolliert ☐	a) Hochmut kommt vor dem Fall. b) Dummheit kommt vom vielen Denken. c) Lass dich nicht von Schmeicheleien täuschen.
3	erledigt ☐ kontrolliert ☐	a) DERFGH**SPATZ**UTZRG**REAGIERTE**KOLMYCH**NICHT**. b) ERKNIESTERN**SCHMEICHELTE**MUHKUH**DEM**VOGEK**SPATZ**. c) DAKIUTER**GRIFF**NOHGD**DER**DACH**LISTIGE**WUMM**WURM**EITNESEE**EINE**LULALA**LETZTE**CHILL**CHANCE**.
4	erledigt ☐ kontrolliert ☐	schrecklich – Schreck – hungrig – Hunger ängstlich – Angst – fettig – Fett pfiffig – Pfiff – chancenlos – Chance dumm – Dummheit – luftig – Luft listig – List – schön – Schönheit
5	erledigt ☐ kontrolliert ☐	Es hatte geregnet und die Wiese war feucht. Ich kroch also aus mei-nem Erdloch, um ein bisschen Luft zu schnappen. Da kam doch so ein blöder Spatz daher, den ich leider übersehen hatte. Er schnappte mich und flog in die Luft. Ich musste mich von dem Schreck erholen. Ich jammerte, dass ich kleine Kinder zu versorgen hätte. Ich sagte ihm, dass ich einen Bruder hätte, der noch dicker wäre. Aber nichts half. Dann hatte ich eine listige Idee. Ich schmeichelte ihm: „ Weißt du, wie schön du bist?" Er antwortete: „Ja, ich weiß." Und schon hatte er mich fallen lassen. Ich plumpste auf eine Wiese und kroch blitzschnell in das nächste Erdloch.

Lösung: Wochenplan zu „Eigenschaften von Tieren"

1	erledigt ☐ kontrolliert ☐	Lieber – Faulpelz – Lügner – Feigling – Dummer – Sympathiker – Prahler – Untertan – Herrscher – Gelehrter – Verbrecher – Sauertopf
2	erledigt ☐ kontrolliert ☐	gierig – vorsichtig – mächtig – hinterlistig a) Der Löwe frisst gierig seine Beute. b) Der Hase lugt vorsichtig aus seinem Bau. c) Der mächtige Löwe sonnt sich. d) Der hinterlistige Fuchs beobachtet die Rehe.
3	erledigt ☐ kontrolliert ☐	störrisch – ängstlich – bedächtig – einfältig – gutmütig – hochmütig – mächtig
4	erledigt ☐ kontrolliert ☐	siehe Tabelle unten
5	erledigt ☐ kontrolliert ☐	a) Der Hase ist **ängstlich**. b) Der Esel ist **störrisch**. c) Die Ziege ist oft **unzufrieden**. d) Der Hund dient seinem Herrn **treu**. e) Die Krähe ist **frech**. f) Das Lamm ist **schwach**. g) Der Bär tapst **gutmütig** durch die Fabel. h) Das **dumme** Huhn scharrt im Hof i) Der Wolf ist **gierig** auf Beute. j) Der **mächtige** Löwe ist der König der Tiere. k) Der **schlaue** Fuchs ist auch noch hinterlistig.

Aufgabe 4:

schwach	**stark**	bedächtig	**unbedächtig**
faul	**fleißig**	ängstlich	**mutig**
mächtig	**ohnmächtig**	vorsichtig	**unvorsichtig**
treu	**untreu**	schlau	**dumm**
unzufrieden	**zufrieden**	gierig	**bescheiden**

Lösung: Wochenplan zu „Eigenschaften von Tieren" !

1	erledigt ☐ kontrolliert ☐	Lieber – Faulpelz – Lügner – Feigling – Dummer – Sympathiker – Prahler – Untertan – Herrscher – Gelehrter – Verbrecher – Sauertopf
2	erledigt ☐ kontrolliert ☐	1. Der Storch stolziert **hochmütig** durchs Gras. 2. Der Hahn bewegt sich **bedächtig** im Hühnerhof. 3. Die Wolf verfolgt **gierig** seine Beute. 4. Der Löwe gilt im Tierreich als **mächtig**. 5. Der Hase lugt **vorsichtig** aus seinem Bau.
3	erledigt ☐ kontrolliert ☐	hinterlistig – mächtig – vorsichtig – freundlich – störrisch – prahlerisch – treu – gierig – frech – dumm
4	erledigt ☐ kontrolliert ☐	Schwachkopf, Schnellstraße, Billigangebot, Faultier, Männertreu, Elternstolz
5	erledigt ☐ kontrolliert ☐	a) hochmütig b) störrisch c) mächtig d) unzufrieden e) vorsichtig f) gutmütig

Lösung: Wochenplan zu „Eigenschaften von Tieren"

1 erledigt ☐ kontrolliert ☐

Lieber – Faulpelz – Lügner – Feigling – Dummer – Sympathiker – Prahler – Untertan – Herrscher – Gelehrter – Verbrecher – Sauertopf

2 erledigt ☐ kontrolliert ☐

Eine Krähe stahl ein Stück Käse. Sie flog damit auf einen Baum. Da kam ein Fuchs vorbei. Der wollte den Käse haben. „Du siehst toll aus.", rief er nach oben. „Kannst du singen und gleichzeitig den Takt mit den Flügeln schlagen?". „Klar.", rief die Krähe hinunter. Sie sang und klatschte den Takt, Dabei fiel ihr das Stück Käse aus dem Schnabel. Der Fuchs unter dem Baum hob es auf. Er rannte damit weg.

3 erledigt ☐ kontrolliert ☐

Mit einer Fabel bekommen die Menschen ihre Schwächen vorgehalten. Damit beleidigt man einen Menschen nicht direkt. Die Tiere spielen den Charakter des Menschen.

4 erledigt ☐ kontrolliert ☐

schwach	Schwäche	dumm	Dummheit
faul	Faulheit	ängstlich	Angst
vorsichtig	Vorsicht	stolz	Stolz
treu	Treue	hinterlistig	Hinterlist
gierig	Gier	frech	Frechheit
mächtig	Macht	bedächtig	Bedacht

5 erledigt ☐ kontrolliert ☐

a) hinterlistig – dumm
b) schwach – mächtig
c) schlau – faul
d) hochmütig – bedächtig
e) gutmütig – gierig
f) frech – hinterlistig
g) unzufrieden – stolz
h) ängstlich – räuberisch

Lösung: Wochenplan zu „Die Stadtmaus und die Feldmaus"

1 erledigt ☐ kontrolliert ☐

4 - 7 - 6 - 3 - 5 - 1 - 8 - 2

2 erledigt ☐ kontrolliert ☐

☐ Die Stadtmaus lebte auf dem Feld.
☐ Die Stadtmaus fraß Eicheln und Nüsse.
☒ Die Feldmaus wollte zurück in ihr Feldloch.
☒ Die Feldmaus wusste nicht wohin, als der Koch kam.

3 erledigt ☐ kontrolliert ☐

a) Da kam der Koch und stieß rumpelnd die Tür auf.
b) Die Feldmaus wusste nicht wohin.
c) Die Stadtmaus verschwand in ihrem Loch.

4 erledigt ☐ kontrolliert ☐

schlurfen – hüpfen – spazieren – schlendern – huschen – schreiten – hinken – schleichen – torkeln – trippeln – wanken – latschen – hoppeln – rennen

5 erledigt ☐ kontrolliert ☐

a) In der Fabel spielen die Stadtmaus und die Feldmaus.
b) Die Stadtmaus verspricht ihr ein tolles Essen.
c) Die beiden Mäuse befinden sich in der Speisekammer eines großen Hauses.
d) Die Feldmaus fühlt sich nicht sicher und möchte lieber frei auf dem Feld leben und geht zurück.
e) Die Moral ist: „Wer reich ist, hat auch viele Sorgen."

! **Lösung: Wochenplan zu „Die Stadtmaus und die Feldmaus"**

Nr.		Lösung
1	erledigt ☐ kontrolliert ☐	4 - 7 - 6 - 3 - 5 - 1 - 8 - 2
2	erledigt ☐ kontrolliert ☐	individuelle Lösungen
3	erledigt ☐ kontrolliert ☐	Asphalt – Katastrophe – Strophe – Telefon – Geographie – Teflon – Physiker – Fotoapparat – Philosophie – Phase – Faser – Alphabet – Mikrofon
4	erledigt ☐ kontrolliert ☐	a) Eine <u>Stadtmaus</u> begegnete einer Feldmaus. b) Die <u>Feldmaus</u> zog in ein herrlich schönes Haus. c) Die <u>Speisekammer</u> war voller Speck und Würste. d) Die ständige <u>Ruhestörung</u> war ihr zu gefährlich.
5	erledigt ☐ kontrolliert ☐	a) Feldmaus verzichtet auf Luxus. b) Entsetzen. Feldmaus in Gefahr. c) Frust trotz Luxus. d) Verzicht auf Luxus. e) Freiheit wichtiger als süßes Leben. f) Frust wegen Luxus. g) Sie sagt: Freiheit ist mir lieber. h) Tauscht Feld gegen volle Speisekammer.

★ **Lösung: Wochenplan zu „Die Stadtmaus und die Feldmaus"**

Nr.		Lösung
1	erledigt ☐ kontrolliert ☐	4 - 7 - 6 - 3 - 5 - 1 - 8 - 2
2	erledigt ☐ kontrolliert ☐	Eine Stadtmaus traf eine Feldmaus und wunderte sich über deren einfaches Leben, denn sie lebte in einem Feldloch und fraß Eicheln und Nüsse. Die Stadtmaus drängte sie, mit ihr zu kommen und versprach ihr gutes und reichliches Essen. Die Feldmaus zog in ein großes Haus mit einer gut gefüllten Speisekammer. Doch zu ihrem Entsetzen entdeckte sie einige Mausefallen. Der Koch rumpelte immer wieder durch die Tür. Die Feldmaus fand kein Loch, um sich zu verstecken. Das alles war ihr zu stressig und sie zog die Ruhe und Sicherheit in ihrem Feldloch vor.
3	erledigt ☐ kontrolliert ☐	Stadt/maus – Feld/maus – Lu/xus/haus – Spei/se/kam/mer – Würs/te – Kä/se – ge/füllt – fres/sen – Ru/he/stö/rung – Fal/len – Ent/set/zen – Frei/heit – Si/cher/heit – Feld/erd/loch – Ei/cheln – Nüs/se – Zu/hau/se
4	erledigt ☐ kontrolliert ☐	a) Feldmaus und Stadtmaus trafen sich. b) In der Speisekammer gab es Speck, Würste, Käse und Brot. c) Früher aß die Feldmaus Eicheln, Nüsse oder auch Kastanien. d) Wer viel Geld, Luxus und Gold hat, muss sich Sorgen machen.
5	erledigt ☐ kontrolliert ☐	Individuelle Lösungen, zum Beispiel: (siehe Tabelle)

Wort	Hauptbedeutung	Nebenbedeutungen
Maus	Tier	Nager, grau, flink, Angst, Schäden
Käse	Lebensmittel	gelb, Löcher, lecker, Brotbelag
Koch	Beruf	Rezepte, Kochmütze, lecker
Würste		Fett, Pelle, 2 Enden, Kartoffelsalat
Erdloch		Tierbau, Gänge, geheimnisvoll
Villa		Luxus, reich, Garten, vornehm
Eicheln		Herbst, basteln, Mengen, Eiche

⊙ **Lösung:** Wochenplan zu „Der mit Salz beladene Esel“

1	erledigt ☐ kontrolliert ☐	Schaue dir die Bilderfolge der Fabel sorgfältig an. Lies die Fabel.
2	erledigt ☐ kontrolliert ☐	☐ Der Esel hatte sich getäuscht. ☐ Salz löst sich in Wasser auf ☒ Dasselbe Mittel hilft nicht in jedem Fall. ☐ Schwämme schrumpfen im Wasser.
3	erledigt ☐ kontrolliert ☐	a) Der Esel merkte sich das. b) Das Salz löste sich im Wasser auf. c) Die Schwämme quollen im Wasser auf. d) Der Esel konnte nicht mehr aufstehen.
4	erledigt ☐ kontrolliert ☐	werkeln – malochen – schuften – rackern – ackern – schaffen – jobben – wirken – handeln – tätigen – werken – basteln
5	erledigt ☐ kontrolliert ☐	Ein mit einem Salzsack beladener Esel musste durch einen Fluss. Es war heiß und so blieb er einen Moment genüsslich in dem erfrischenden Wasser liegen. Als er aufstand, fühlte er sich um einen großen Teil seiner Last erleichtert, weil sich das Salz im Wasser aufgelöst hatte. Der Esel merkte sich das.

! **Lösung:** Wochenplan zu „Der mit Salz beladene Esel“

1	erledigt ☐ kontrolliert ☐	Schaue dir die Bilderfolge der Fabel sorgfältig an.
2	erledigt ☐ kontrolliert ☐	**Der mit Salz beladene Esel** Ein mit einem Salzsack beladener Esel musste durch einen Fluss. Es war heiß und. Individuelle Lösung Wie ist die Moral der Fabel? Dasselbe Mittel hilft nicht in jedem Fall
3	erledigt ☐ kontrolliert ☐	Setze die Verben in die einfache Vergangenheit (Präteritum) er muss – er musste – er lädt – er lud er liegt – er lag – er kommt – er kam er steht – er stand – er bleibt – er blieb er merkt – er merkte – er schwitzt – er schwitzte
4	erledigt ☐ kontrolliert ☐	a) Der Esel kühlte sich im Wasser ab. b) Die Ladung Salz wog schwer. c) Die Schwämme sogen das Wasser auf. d) Sie bekamen ein größeres Gewicht. e) Das merkte der Esel schnell.
5	erledigt ☐ kontrolliert ☐	individuelle Lösung

★ Lösung: Wochenplan zu „Der mit Salz beladene Esel"

1	erledigt ☐ kontrolliert ☐	Schaue dir die Bilderfolge der Fabel sorgfältig an.
2	erledigt ☐ kontrolliert ☐	individuelle Lösung Moral: Dasselbe Mittel hilft nicht in jedem Fall.
3	erledigt ☐ kontrolliert ☐	**Dass** der Esel schwer beladen war, **das** merkte er daran, **dass** er zu schwitzen begann. **Das** kühle Nass kam ihm gerade recht. **Das** Salz, **das** in dem Sack war, schmolz. **Dass** die Ladung leichter wurde, **das** merkte sich der Esel, denn **das** konnte er bei anderen Ladungen auch gut gebrauchen.
4	erledigt ☐ kontrolliert ☐	**a)** Der Esel schwitzte wegen der schweren Ladung. **b)** Er sah einen Fluss und befahl: „Komm her Fluss!" **c)** Der Fluss sprach: „Sprichst du mit mir in diesem Ton?" **d)** „Ist hier noch jemand, der Fluss heißt?" **e)** Der Fluss meinte beleidigt: „Du kannst mich mal."
5	erledigt ☐ kontrolliert ☐	Beispiel: Es war heiß. Da sah ich einen mit einem Salzsack beladenen Esel auf dem Weg. Er schwitzte, denn der Sack war schwer. Zur Erholung legte er sich mitsamt dem Sack in den kühlen Fluss. Als er aufstand, hing der Sack schlaff über seinem Rücken. Ihm war nicht klar, dass das Salz geschmolzen war. Er freute sich sogar. Seltsam. Gestern sah ich ihn mit einem Sack voller Schwämme daher kommen. Schnell legte er sich zur Abkühlung in den Fluss. Ich dachte noch: Der hat nichts gelernt. Und schon war es passiert. Die Schwämme hatten sich natürlich mit Wasser vollgesaugt. Er mühte sich ab, konnte aber nicht aufstehen. Ich dachte: Ist der Kerl dumm.

⊙ Lösung: Wochenplan zu „Der Löwe und die Maus"

1	erledigt ☐ kontrolliert ☐	von Zeile 1 bis 3 von Zeile 4 bis 8 Es fehlt die Lösung, die durch die Moral ersetzt ist.
2	erledigt ☐ kontrolliert ☐	☐ Wie du mir, so ich dir. ☒ Mehr Schein als sein. ☐ Keine Angst vor brüllenden Löwen. ☒ Man soll nicht mehr scheinen wollen, als man ist.
3	erledigt ☐ kontrolliert ☐	Die Maus sitzt **im** Mauseloch. Da hört sie **ihn** brüllen. Aber sie erschreckt sich nicht vor **ihm**. Sie kriecht aus dem Mauseloch und versucht **ihn** nachzuahmen. Die Maus will **ihm** nacheifern. **Ihr** Piepsen klingt nicht sehr schrecklich. Ob sie damit **in** der Tierwelt Schrecken verbreitet?
4	erledigt ☐ kontrolliert ☐	**a)** Der Löwe kannte das Piepsen, das urkomisch war. **b)** Die Maus kannte den Löwen, der so laut brüllte. **c)** Es war das Piepsen der Maus, das man kaum hörte.
5	erledigt ☐ kontrolliert ☐	Ein Löwe brüllte. Es hörte sich schrecklich an. Das hörte auch eine Maus in ihrem dunklen Mauseloch. Schnell lief sie nach draußen. Sie kannte das Gebrüll, das ihr keinen Schrecken einjagte. Sie ärgerte sich: „Will der uns beibringen, wie man brüllt? Das kann ich auch." Sie blies die Backen auf. Sie wollte wie der Löwe brüllen. Aber sie brachte nur Piepstöne zustande. Sie übte und übte, aber ein Gebrüll wollte nicht gelingen. Man soll eben nicht mehr scheinen wollen, als uns die Natur mitgegeben hat.

!

Lösung: Wochenplan zu „Der Löwe und die Maus“

1	erledigt ☐ kontrolliert ☐	von Zeile 1 bis 3 von Zeile 9 bis 8 Es fehlt die Lösung, die durch die Moral ersetzt ist.
2	erledigt ☐ kontrolliert ☐	Sie war der Meinung, der Löwe brauche es ihr nicht beizubringen, sie könne es bereits. Die Maus leidet an Selbstüberschätzung und möchte etwas sein, was sie nicht ist – ein Löwe.
3	erledigt ☐ kontrolliert ☐	Die Maus fühlte sich gestört, **denn** ein Löwe brüllte durch die Gegend. Sie schlüpfte an den Eingang, **den** sie immer sorgfältig verschlossen hielt, **denn** es gab viel Gesindel in der Gegend. Sie ging also nach draußen, **denn** vor dem Gebrüll hatte sie keine Angst. Sie wollte dem Löwen, **den** sie gut kannte, zeigen, wie sie brüllen konnte. Doch der Ton, **den** sie herausbrachte, war nur ein Piepsen. Sie übte und übte, **denn** irgendwann musste es klappen.
4	erledigt ☐ kontrolliert ☐	winzig – zwergenhaft – knapp – kurz – schmächtig – spärlich – bescheiden – kümmerlich – unscheinbar – gering – putzig – geringfügig – unbedeutend – karg – eng – schmal – zierlich
5	erledigt ☐ kontrolliert ☐	Ein Löwe brüllte. Es hörte sich schrecklich an. Das hörte auch eine Maus in ihrem dunklen Mauseloch. Schnell lief sie nach draußen. Sie kannte das Gebrüll, das ihr keinen Schrecken einjagte. Sie ärgerte sich: „Will der uns beibringen, wie man brüllt? Das kann ich auch.“ Sie blies die Backen auf. Sie wollte wie der Löwe brüllen. Aber sie brachte nur Piepstöne zustande. Sie übte und übte, aber ein Gebrüll wollte nicht gelingen. Man soll eben nicht mehr scheinen wollen, als uns die Natur mitgegeben hat.

★

Lösung: Wochenplan zu „Der Löwe und die Maus“

1	erledigt ☐ kontrolliert ☐	von Zeile 1 bis 3 von Zeile 9 bis 8 Es fehlt die Lösung, die durch die Moral ersetzt ist.
2	erledigt ☐ kontrolliert ☐	☐ Die Fabel zeigt, dass aus einem Löwen keine Maus wird. ☐ Die Fabel zeigt, wie man Brüllen übt. ☒ Die Fabel zeigt, dass man nicht mehr erscheinen soll, als man ist. ☒ Die Fabel zeigt, dass man ein Ziel trotz Training nicht erreicht.
3	erledigt ☐ kontrolliert ☐	a) Die Maus meinte: „Will der uns das Brüllen lehren?“ b) Sie rief: „Was der kann, kann ich auch.“ c) Sie übte, übte und übte, aber es half nichts. d) Sie hatte den Mund zu voll genommen. e) Die Moral: Nicht mehr Schein als sein.
4	erledigt ☐ kontrolliert ☐	Die Fabel erzählt von einem Löwen, der durch die Gegend brüllte. Die Maus hörte das Gebrüll im Mauseloch. Schnell war sie an dem Eingang und regte sich auf. Ob der Löwe uns das Gebrüll lehren will? Das kann ich schon lange. Sie plusterte die Backen auf und versuchte es. Aber es kamen nur Piepstöne heraus.
5	erledigt ☐ kontrolliert ☐	Ein Löwe brüllte. Es hörte sich schrecklich an. Das hörte auch eine Maus in ihrem dunklen Mauseloch. Schnell lief sie nach draußen. Sie kannte das Gebrüll, das ihr keinen Schrecken einjagte. Sie ärgerte sich: „Will der uns beibringen, wie man brüllt? Das kann ich auch.“ Sie blies die Backen auf. Sie wollte wie der Löwe brüllen. Aber sie brachte nur Piepstöne zustande. Sie übte und übte, aber ein Gebrüll wollte nicht gelingen. Man soll eben nicht mehr scheinen wollen, als uns die Natur mitgegeben hat.

Lösung: Wochenplan zu „Der Fuchs und der Holzhacker"

1 (erledigt ☐ kontrolliert ☐)

b – c – a – b – a – c

2 (erledigt ☐ kontrolliert ☐)

a) Noch mal gutgegangen
b) Der hinterlistige Holzhacker
c) Ehrlich mit Worten, unehrlich in Taten
d) Ende gut, fast alles gut
e) Beinahe reingelegt

3 (erledigt ☐ kontrolliert ☐)

kurzer Vokal: Hacker – Fuchs – Schutz – List – Rettung
langer Vokal: Winkel – Hilfe – Hand – Wort – Wald – Weg

4 (erledigt ☐ kontrolliert ☐)

a) Der Fuchs floh vor den Jägern.
b) Der Fuchs brauchte dringend Hilfe.
c) Er suchte Schutz bei dem Holzhacker.
d) Die Jäger fragten den Holzhacker.
e) Der Holzhacker verriet den Fuchs.

5 (erledigt ☐ kontrolliert ☐)

			H						V
		W	O			F			E
	W	A	L		J	U		B	R
H	O	L	Z	H	A	C	K	E	R
U	R	D		A	E	H	A	D	A
E	T			N	G	S	M	A	T
T	E			D	E		E	N	
T	N				R		N	K	
E								E	
								N	

Lösung: Wochenplan zu „Der Fuchs und der Holzhacker"

1 (erledigt ☐ kontrolliert ☐)

b – c – a – b – a – c

2 (erledigt ☐ kontrolliert ☐)

a) Die Jäger verfolgten den Fuchs.
b) Der Holzhacker ließ ihn in seine Hütte.
c) Seine Worte war das Gegenteil von seinen Handzeichen (Taten).
d) Der Holzhacker hatten ihn mit Handzeichen verraten.

3 (erledigt ☐ kontrolliert ☐)

a) Zum längeren Flüchten hatte er keine Puste mehr.
b) Er sah den Mann beim Holzhacken.
c) Der Mann half den Jägern mit Handzeichen beim Suchen.
d) Der Fuchs war am meisten über den Verrat sauer.

4 (erledigt ☐ kontrolliert ☐)

Die Jäger hatten es **auf** das Leben des Fuchses abgesehen. Der Fuchs irrte **durch** den Wald. Die Hütte des Mannes stand **zwischen** zwei Bäumen. Die Jäger kamen **durch** den Wald. Sie blieben **neben** dem Mann stehen. Der Fuchs ärgerte sich **über** den Verrat. Er hatte das Handzeichen **vom** Haus aus gesehen.

5 (erledigt ☐ kontrolliert ☐)

			H						V
		W	O			F			E
	W	A	L		J	U		B	R
H	O	L	Z	H	A	C	K	E	R
U	R	D		A	E	H	A	D	A
E	T			N	G	S	M	A	T
T	E			D	E		E	N	
T	N				R		N	K	
E								E	
								N	

★ **Lösung:** Wochenplan zu „Der Fuchs und der Holzhacker“

1	erledigt ☐ kontrolliert ☐	b – c – a – b – a – c
2	erledigt ☐ kontrolliert ☐	Hüte dich vor Menschen, die vorgeben ehrlich zu sein, deren Taten aber das Gegenteil beweisen.
3	erledigt ☐ kontrolliert ☐	Hinterhältigkeit / Rettung / Gemeinheit / Hinterlistigkeit / Unehrlichkeit / Inständigkeit / Dankbarkeit / Unfreundlichkeit / Handlung / Gleichzeitigkeit / Erkundigung
4	erledigt ☐ kontrolliert ☐	der Schwanz + der Fuchs = der Fuchsschwanz das Holz + der Hacker = der Holzhacker die Hütte + das Holz = die Holzhütte das Zeichen + die Hand = das Handzeichen das Wort + die Spiele = die Wortspiele
5	erledigt ☐ kontrolliert ☐	a) Jäger b) Herumirren c) Holzhacker d) Winkel e) Fragen f) Worte g) Handzeichen h) bedanken i) weggehen j) Verrat

⊙ **Lösung:** Wochenplan zu „Seltsamer Spazierritt“

1	erledigt ☐ kontrolliert ☐	individuelle Lösungen
2	erledigt ☐ kontrolliert ☐	☐ Wanderer sind Trottel. ☐ Einer ist immer der Dumme. ☒ Man kann es nicht jedermann recht machen: ☐ Esel haben es gemütlich.
3	erledigt ☐ kontrolliert ☐	Sohn – Fuß – Glieder – zornig – Strecke – dumme – Tier – vierte – schüttelte – Vorderbeine – zusammen – stecken – dicken – Pfahl – Weise
4	erledigt ☐ kontrolliert ☐	Bein Fuß Arm **Hand** Ohr hören Auge **sehen** Mund sprechen Nase **riechen** Zunge schmecken Zähne **beißen** Zehen laufen Finger **greifen**
5	erledigt ☐ kontrolliert ☐	a) Der 1. Wanderer verlangte, dass der Sohn ritt. b) Der dritte Wanderer, denn er fand die Männer zu schwer für den Esel. c) Zuletzt trugen sie den Esel auf den Schultern nach Hause. d) Sie wollten es allen recht machen.

! **Lösung: Wochenplan zu „Seltsamer Spazierritt"**

1 erledigt ☐ kontrolliert ☐

individuelle Lösungen

2 erledigt ☐ kontrolliert ☐

- ☐ Der dritte Wanderer hatte recht.
- ☐ Vater und Sohn sind folgsam.
- ☐ Der Esel freute sich zum Schluss.
- ☐ Wer zuletzt lacht, lacht am besten.
- ☒ Man kann es nicht allen recht machen.
- ☐ Der Letzte ist der Dumme.

3 erledigt ☐ kontrolliert ☐

Sohn	**Lohn**	Leben	**Reben**
Esel	**Wesel**	Kopf	**Topf**
Beine	**keine**	Glieder	**Lieder**
Vater	**Kater**	Fuß	**Gruß**
Mann	**kann**	Pfahl	**Mahl**
reiten	**leiten**	Tier	**Bier**

4 erledigt ☐ kontrolliert ☐

Körperschaft – Verkörperung – Körpersprache – Körperbau – körperlos – Heizkörper – Beleuchtungskörper – verkörpern – Fremdkörper – Feuerwerkskörper – Gleiskörper – körperbehindert – Körpertemperatur – Körperflüssigkeit – Körpergewicht

5 erledigt ☐ kontrolliert ☐

a) Er verlangte, dass der Sohn laufen solle, weil er jüngere Beine habe.
b) Der Vater solle laufen, da er stärker als der Sohn sei.
c) Es amüsierte ihn, dass beide zu Fuß gingen und keiner auf dem Esel ritt, da ein Esel ein Reittier ist.
d) Vater und Sohn trugen den Esel weiter.
e) Sie wollten es jedem Wanderer recht macht, deshalb der ständige Wechsel.

★ **Lösung: Wochenplan zu „Seltsamer Spazierritt"**

1 erledigt ☐ kontrolliert ☐

individuelle Lösungen

2 erledigt ☐ kontrolliert ☐

Vater und Sohn wollten es jedem Wanderer recht machen. Deshalb entstanden die ständigen Wechsel wer ritt und wer zu Fuß ging. Zum Schluss führte das zu der kuriosen Situation, dass sie den Esel nach Hause trugen. Sie merkten nicht, dass man es nicht allen Leuten recht machen kann.

Sie hätten anders handeln können. Am Anfang der Fabel ritt der Vater und der Sohn ging nebenher zu Fuß. Das hätten sie beibehalten sollen und auf die Kritik der Wanderer nicht reagieren sollen.

3 erledigt ☐ kontrolliert ☐

a) Das waren die Folgen: **Keinem** konnte sie es recht machen.
b) Das war die Lösung: **weitergehen**.
c) Das hätten sie nicht erwartet: **Jeder** sagt etwas anderes.
d) Der Grund: **Sie** wollten es allen recht machen.

4 erledigt ☐ kontrolliert ☐

a) Die Wanderer kritisierten **Vater und Sohn**. (A)
b) Sie konnten es **keinem** recht machen. (D)
c) Der Esel war völlig gestresst von dem **Auf und Ab**. (D)
d) Schließlich trugen sie **den Esel** nach Hause. (A)

5 erledigt ☐ kontrolliert ☐

Wir waren auf dem Weg nach Hause. Mein Vater ritt auf unserem Esel und ich lief nebenher.
Da kam ein Wanderer und meinte, dass mein Vater laufen solle, weil er kräftiger als ich sei. Nun gut, wir machten es so.

Nacheinander kamen noch drei Wanderer. Jeder kritisierte an uns herum. Mal sollte ich laufen, weil ich jüngere Beine hatte, dann sollten wir beide auf unserem Esel reiten, einer regte sich auf, wir beide zusammen seien zu schwer für den Esel. Der letzte amüsierte sich, weil nun beide zu Fuß gingen.
Wir konnten es keinem recht machen. Zum Schluss trugen wir unseren Esel auf unseren Schultern nach Hause.
Das war ein blöder Ausritt.

Lösung: Wochenplan zu „Die Viper und die Wasserschlange"

Nr.		Lösung
1	erledigt ☐ kontrolliert ☐	Quelle – Revier – Sieger – Zeitpunkt – Viper – Schlacht – Taten – Geschrei
2	erledigt ☐ kontrolliert ☐	In den meisten Fällen helfen Taten in der Not besser als Reden. Es gibt Situationen, wo man nichts machen kann, außer jemandem Mut zu zusprechen.
3	erledigt ☐ kontrolliert ☐	Quelle – Wasserschlange – sollten – hassten – begonnen – hatte – stimmten – wissen – wollen – alle
4	erledigt ☐ kontrolliert ☐	(siehe Tabelle)
5	erledigt ☐ kontrolliert ☐	individuelle Lösungen

4

Fall	männlich	weiblich	sächlich
Nominativ: 1.Fall	der Frosch	die Schlange	das Wasser
Genitiv: 2.Fall	**der Frosch**	**die Schlange**	**das Wasser**
Dativ: 3.Fall	**des Frosches**	**der Schlange**	**des Wassers**
Akkusativ: 4.Fall	**dem Frosch**	**der Schlange**	**dem Wasser**

Lösung: Wochenplan zu „Die Viper und die Wasserschlange"

Nr.		Lösung
1	erledigt ☐ kontrolliert ☐	Quelle – Revier – Sieger – Zeitpunkt – Viper – Schlacht – Taten – Geschrei
2	erledigt ☐ kontrolliert ☐	indviduelle Lösungen
3	erledigt ☐ kontrolliert ☐	KLOMUT**DIE**VFNMFRÖHÄDISCH**FRÖSCHE**JUZTHHASTELOKIZLP POU**HASS-TEN**REFTSW**DIE**MKUTZÖSSWMNPO**WASSERSCHLANGE**UTTREFASD
4	erledigt ☐ kontrolliert ☐	(siehe Tabelle)
5	erledigt ☐ kontrolliert ☐	indviduelle Lösungen

4

Präsens	Perfekt	Präteritum	Futur
ich gebe	ich habe gegeben	ich gab	ich werde geben
ich kämpfe	**ich habe gekämpft**	**ich kämpfte**	**ich werde kämpfen**
ich mache	**ich habe gemacht**	**ich machte**	**ich werde machen**
ich schreie	**ich habe geschrien**	**ich schrie**	**ich werde schreien**
ich siege	**ich habe gesiegt**	**ich siegte**	**ich werde siegen**
ich sage	**ich habe gesagt**	**ich sagte**	**ich werde sagen**

★ Lösung: Wochenplan zu „Die Viper und die Wasserschlange"

1	erledigt ☐ kontrolliert ☐	Quelle – Revier – Sieger – Zeitpunkt – Viper – Schlacht – Taten – Geschrei
2	erledigt ☐ kontrolliert ☐	Individuelle Lösung: Beispiel für eine Wegwerfgeschichte: Die Viper war sauer, weil die Wasserschlange sie nicht an die Quelle ließ. Diese blöde Ziege, dachte die Viper. Nachts schlich sie zur Quelle. Mit großen Steinen leitete sie das Wasser um. Am nächsten Morgen traf sie auf eine aufgeregte Wasserschlange, die ihr Wasser vermisste. Pech, lachte die Viper.
3	erledigt ☐ kontrolliert ☐	a) Das Streiten um die Quelle brachte keine Lösung.. b) Die Frösche begannen zu schreien. c) Das Kämpfen um die Quelle wäre unnötig gewesen. d) Doch das Lösen des Streits erfolgte im Kampf.
4	erledigt ☐ kontrolliert ☐	a) Die Viper hatte Ärger, **weil** sie an die Quelle wollte. b) Der Streit konnte nicht geschlichtet werden **und** es kam zum Kampf. c) Die Frösche versprachen Hilfe, **nachdem** sie ihr Mut gemacht hatten. d) Die Viper bekam die Quelle, **weil** sie gesiegt hatte.
5	erledigt ☐ kontrolliert ☐	(siehe Tabelle)

Dogma	**Hundemutter**	Abführmittel	**Handschellen**
Erdgeschoss	**Dreckschleuder**	Anja	**Gerät ist an**
Eintagsfliege	**Wegwerfkrawatte**	Geländer	**autofreie Staaten**
Fassade	**Diät**	Ballade	**Ball ist weg**

⊙ Lösung: Wochenplan zu „Die beiden Bauern"

1	erledigt ☐ kontrolliert ☐	indviduelle Lösungen
2	erledigt ☐ kontrolliert ☐	indviduelle Lösungen
3	erledigt ☐ kontrolliert ☐	Waldung – Enttäuschung – Schnelligkeit – Freundschaft – Besonderheit – Bauernschaft – Gemeinheit – Frechheit – Richtigkeit
4	erledigt ☐ kontrolliert ☐	a) Hein fand den Geldsack schneller als Kilian. b) Kilian war schneller im Gebüsch als Hein. c) Hein war so groß wie der Räuber. d) Der Räuber rief: „Gib mehr Geld als Blut." e) Kilian freute sich genau wie Hein über den Fund.
5	erledigt ☐ kontrolliert ☐	a) Hein nahm den Geldsack aus dem Gras auf. b) Der Räuber sprang aus dem Gebüsch und überfiel Hein. c) Die Bauern trugen die Waren zum Markt. d) Bauer Hein war den Geldsack los. e) Die Bauern sollen das Glück teilen.

! **Lösung:** Wochenplan zu „Die beiden Bauern"

	erledigt ☐ kontrolliert ☐	
1	erledigt ☐ kontrolliert ☐	indviduelle Lösungen
2	erledigt ☐ kontrolliert ☐	(Kreuzworträtsel, siehe unten)
3	erledigt ☐ kontrolliert ☐	Ist es **wahr**, dass Hein einen Geldsack fand? Das hatte ihm eine **Wahr**-sagerin vorausgesagt. Das **war** nun **wahr**haftig eingetreten. Er hatte un**wahr**scheinlich großes Glück. Aber er **war** geizig. Er wollte nicht teilen. Das ist die ganze **Wahr**heit der Geschichte.
4	erledigt ☐ kontrolliert ☐	des Bauern – des Geldes – des Räubers – der Waren – des Marktes – des Sacks – des Sprungs – der Bäume
5	erledigt ☐ kontrolliert ☐	indviduelle Lösungen

Kreuzworträtsel zu Aufgabe 2:

1		2		3		4		5
M	a	R	K	T	W	E	G	E
a		a		E		I		N
R		E		I		L		G
K		U		L		I		
T		B		E		G		
		E		N				
		R						

★ **Lösung:** Wochenplan zu „Die beiden Bauern"

1 erledigt ☐ kontrolliert ☐

indviduelle Lösungen

2 erledigt ☐ kontrolliert ☐

a) **Wohin waren die beiden Bauern unterwegs?**
Die beiden Bauern wollten mit ihren Waren zum Markt.

b) **Was hob Hein aus dem Gras auf?**
Hein nahm einen Geldsack aus dem Gras auf.

c) **Was dachte Kilian?**
Kilian dachte, dass ihm die Hälfte gehöre.

d) **Wer kam plötzlich aus dem Gebüsch?**
Plötzlich kam ein Räuber aus dem Gebüsch.

e) **Wohin rettete sich Kilian?**
Kilian rettete sich ins Gebüsch.

f) **Was tat Hein?**
Hein übergab dem Räuber den Geldsack.

3 erledigt ☐ kontrolliert ☐

Kilian sprang ins Gebüsch aber Hein kam wegen des schweren Geldsacks nicht so schnell von der Stelle.

4 erledigt ☐ kontrolliert ☐

a) Kilian war **rührig**, denn er sprang schnell ins Gebüsch.
b) Der Räuber war von Heins Angst nicht **gerührt**.
c) Hein fand es **rührend**, dass ihn Kilian hinterher tröstete.

5 erledigt ☐ kontrolliert ☐

1c – 2a – 3f – 4b – 5e – 6d

Hörverstehen trainieren

Elke Huber-Beuschel & Erich van Heiss

Lesen → Malen → Hören lernen

18 lustige Geschichten mit Erzähl- und Sprechanlässen und zur motorische Förderung. Die Bilder werden ergänzt und ausgemalt. Gefördert werden visuelle, auditive und koordinatorische Sinnerfassung.

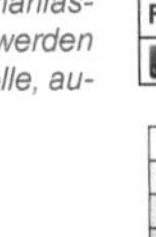

FÖ

60 S.				PDF-Schullizenz
	Buch	11 228	19,80 €	
	PDF	P11 228	15,99 €	64,- €

Klasse 1 2 3 4

Julia von Ammerland

Spitz' die Ohren! Hören, Denken, Sehen

Die Augenkoordination und das Vermögen, Gehörtes umzusetzen, werden trainiert und verbessert. Basierend auf verschiedenen Niveaus wird geübt, Gehörtes in Handlungen umzusetzen. Der spielerische Reiz motiviert & spornt an.

32 Seiten				PDF-Schullizenz
	Buch	12 103	14,80 €	
	PDF	P12 103	11,99 €	48,- €

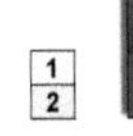

FÖ

Klasse 1 2

Ulrike Stolz

Grimms Hörwerkstatt Die *etwas andere* Märchenkiste

Eine Hörwerkstatt mit erzählten, gelesenen oder gespielten Märchen, die zusätzlich Arbeitsblätter und Ideen zur Umsetzung enthält. Es wird gehört, verstanden, gelesen, gebastelt, gemalt, erzählt, besprochen, formuliert ... So bekommen Grimms Märchen ganz schnell frischen Schwung!

56 Seiten				PDF-Schullizenz
	Buch	11 443	21,80 €	
	PDF	P11 443	17,49 €	70,- €

Klasse 2 3 4

Ohren auf!

Hörverstehen trainieren

„Ohren auf!" *... denn Hören und Zuhören sind Grundvoraussetzungen fürs Lernen!* Die Kinder lernen durch den Einsatz der Audio-files aktives Hören. So werden das Verstehen fremder Texte von unterschiedlichen Sprechern und das Achten auf verschiedene Geräusche auf vielfältige Art und Weise geübt. Speziell für die ersten beiden Schuljahre wird auf einen geringen Schreib-/Malanteil Wert gelegt. Die Materialien sind durchgängig einfach strukturiert und kindgerecht gestaltet, die Aufgaben klar und einfach formuliert.

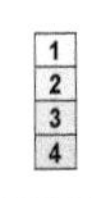

FÖ

je 80 Seiten

Klasse			
1/2	Buch	11 163	26,80 €
3/4	Buch	11 164	27,80 €

Klasse 1 2 3 4

Hör mal!

Hörverstehen trainieren

Das Hörverstehen wird am Beispiel realitätsnaher Situationen trainiert: Die Kinder hören Informationssendungen, Reportagen, Interviews, Lieder, literarische Texte ... sie nehmen an Gesprächen und Diskussionen teil und sie lösen Aufgaben zu den vielfältigen Tondokumenten. Sie verschaffen sich dabei allgemeine Informationen über ein Thema (globales Hören), filtern Wichtiges aus Unwichtigem heraus (selektives Hören) und handeln und reagieren auf gehörte Anweisungen (detailliertes und geführtes Hören).

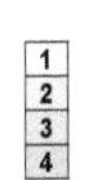

FÖ

96/104 Seiten

Klasse			
1/2	Buch	11 337	29,80 €
3/4	Buch	11 338	27,80 €

Klasse 1 2 3 4

Klasse 1 2 3 4

Deutsch

Stationenlernen & Wochenplan

B. Brandenburg, S. Kraus & J. Tille-Koch

Stationenlernen Deutsch

... zu den vier Jahreszeiten

Grammatik, Rechtschreibung, Lesen und Schreiben ... abwechslungsreiche Inhalte werden durch selbstständiges Arbeiten erschlossen.

INK

je 56 Seiten

				PDF-Schullizenz
Frühling/ Sommer	Buch	11 950	15,80 €	
	PDF	P11 950	12,49 €	
Herbst/ Winter	Buch	11 717	15,80 €	
	PDF	P11 717	12,49 €	50,- €

Klasse 3 4

D. Scherf, M. Müller & Autorenteam Kohl-Verlag

Stationenlernen Deutsch

Über unterschiedliche Zugänge erarbeiten und vertiefen Ihre Schüler ein bestimmtes Themengebiet. Diverse Stationen werden bereitgestellt und ermöglichen dabei ein ganz eigenes individuelles Lerntempo. Jeder wählt selbst aus, wie intensiv er sich in die Stationen einarbeitet.

Freiraum und Zeit für jeden Schüler!

Klasse			
2	Buch	11 824	24,80 €
	PDF	P11 824	19,99 €
3	Buch	11 380	22,80 €
	PDF	P11 380	18,49 €
4	Buch	11 381	22,80 €
	PDF	P11 381	18,49 €

je 128 Seiten

PDF-Schullizenz (je Band) 74,- €

Klasse 2 3 4

Autorenteam Kohl-Verlag

99x Rechtschreibung Die Freiarbeitstheke

Diese Freiarbeitstheke bietet eine Vielzahl an abwechslungsreichen Aufgaben rund um die Themen Groß- und Kleinschreibung, Dehnung von Vokalen, Doppelkonsonanten, die s-Laute sowie Ableitungs- und Verlängerungsstrategien. Da die Aufgaben unterschiedlichen Anforderungsniveaus entsprechen, eignen sich diese Kopiervorlagen bestens zur Differenzierung in der Freiarbeit. Mit Lösungen – auch zur Selbstkontrolle.

NEU ab April

Leerlauf vermeiden • Zeit optimal nutzen

64 S.				PDF-Schullizenz
	Buch	12 508	17,80 €	
	PDF	P12 508	14,49 €	58,- €

FÖ

Klasse 2 3 4

Birgit Brandenburg

79x Aufsatz Die Freiarbeitstheke

Die motivierenden und abwechslungsreichen Materialien üben die wesentlichen Elemente für das erfolgreiche Verfassen von Aufsätzen: Wortschatz- und Stilübungen, Wortfelder und Signalwörter werden ebenso angeboten wie z.B. das Finden von Einleitung und Schluss. Die auch für Partnerarbeit geeigneten Übungen unterstützen und entwickeln das Schreiben individueller Aufsätze.

64 Seiten				PDF-Schullizenz
	Buch	11 925	16,80 €	
	PDF	P11 925	13,49 €	54,- €

BF

Klasse 2 3 4

Wolfgang Wertenbroch

99x Deutsch Die Freiarbeitstheke

Deutsche Schriftsprache, Rechtschreibung, sinnerfassendes Lesen und Textverstehen – die Teilbereiche Lesen, Sinnentnahme, Singgebung, Rechtschreibung, integrierte Lerntechniken sowie Lehr- und Lernziele werden intensiv bearbeitet. Interessante Aufgaben verlangen den Schülern grundlegende Kompetenzen ab. Partnerarbeit, Kommunikations- und Anpassungsfähigkeit werden trainiert und verbessert.

112 Seiten				PDF-Schullizenz
	Buch	11 178	23,80 €	
	PDF	P11 178	18,99 €	76,- €

FÖ

Klasse 3 4

Birgit Brandenburg

Kurze Kunstraubkrimis

... von Mona Lisa bis Warhol

Dieser Band enthält Kurzprojekte, die die Schüler selbstständig mit dem Thema, den Beweggründen und Folgen eines Kunstraubes vertraut machen. Dabei lernen sie Kunstwerke bestimmter Künstler und Stilrichtungen zuzuordnen. Kurzbiographien der Künstler, die jeweilige Kunstrichtung, Eigenarten des Malstils und weitere Aufgaben runden dieses spannende und fächerübergreifende Thema ab.

48 S.				PDF-Schullizenz
	Buch	11 640	14,80 €	
	PDF	P11 640	11,99 €	48,- €

Klasse 3 4

Birgit Brandenburg

Freies Schreiben an Stationen

Die Textproduktion wird geschult. Durch die Gliederung in drei Niveaustufen ist für jedes Leistungsniveau das individuell Passende dabei. Die Schüler werden in die Grundlagen der unterschiedlichen Aufsatzarten eingeführt und lernen die wichtigsten stilistischen Unterschiede kennen. Das vielfältige Material ist zur Einzel-, Partner- oder Gruppenarbeit oder z.B. in der **ILZ** (Individuelle Lernzeit) einsetzbar.

48 Seiten				PDF-Schullizenz
	Buch	11 621	14,80 €	
	PDF	P11 621	11,99 €	48,- €

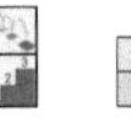

Klasse 3 4

 Förderbedarf 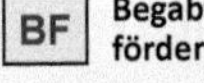 Inklusion BF Begabtenförderung 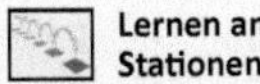 Lernen an Stationen  Arbeitsmaterial zur Differenzierung 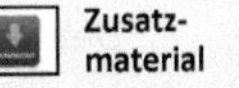 Zusatzmaterial

Klasse

1
2
3
4

Deutsch

3.-4. Schuljahr · Sabine Hauke

Wochenplan Märchen 3/4

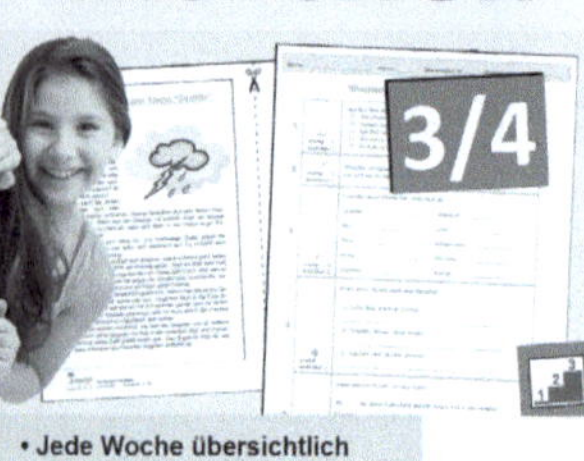

• Jede Woche übersichtlich auf einem Bogen
• Einteilung in 5 Einheiten
• Mit Lösungen

Sabine Hauke & Birgit Brandenburg

Wochenplan Märchen, Fabeln, Sagen

Jede Woche in fünf Einheiten

Jeder Wochenplan ist in drei Niveaustufen ausgearbeitet. So arbeiten alle Schüler differenziert an einem Inhalt und Lernthema, und das jeweils entsprechend ihrem Leistungsvermögen.

3 4

je 64 Seiten

Märchen	Buch	11 822	17,80 €
	PDF	P11 822	14,49 €
Fabeln	Buch	11 866	17,80 €
	PDF	P11 866	14,49 €
Sagen	Buch	11 949	17,80 €
	PDF	P11 949	14,49 €

PDF-Schullizenz (je Band) 58,- €

2. Schuljahr · Birgit Brandenburg

Birgit Brandenburg, Sabine Hauke & Ulrike Stolz

Wochenplan Deutsch

Jede Woche ist in fünf Einheiten auf einem Bogen zusammengefasst. Wann Sie welchen Bogen einsetzen, wählen Sie selbst, ganz individuell nach dem jeweils zu behandelnden Thema. Sie tragen nur noch die Wochennummer bzw. das Datum ein, kopieren es und teilen es aus. Die übersichtlichen Lösungskarten erleichtern Ihnen die Kontrolle, bieten aber auch den Schülern die Möglichkeit, sich selbst zu verbessern oder bei Schwierigkeiten genauer nachzuforschen.

Klasse			
2	Buch	11 825	19,80 €
	PDF	P11 825	15,99 €
3	Buch	11 382	19,80 €
	PDF	P11 382	15,99 €
4	Buch	11 383	19,80 €
	PDF	P11 383	15,99 €

je 80 Seiten

PDF-Schullizenz (je Band)  64,- €

2 3 4

3.-4. Schuljahr · Gabriela Rosenwald

Grimms Märchen an Stationen

Individuelles Lernen · Differenzierend · Motivierend

• Übersichtliche Aufgabenkarten
• Schnelle Vorbereitung
• Mit Lösungen zur Selbstkontrolle

Gabriela Rosenwald

Grimms Märchen an Stationen

NEU ab Jan.

In diesen Vorlagen werden 13 bekannte Märchen der Brüder Grimm dargestellt. Die Stationen sind in drei Niveaustufen zur Differenzierung gehalten. Die Schüler suchen sich selbst ihr passendes Thema aus, finden dabei ihr eigenes Lerntempo und ihr Lernniveau selbst und sind motiviert bei der Sache. Jedes Märchen wird an mehreren Stationen bearbeitet und bietet abwechslungsreiche Aufgaben zu verschiedenen Kompetenzen des Deutschunterrichts im 3.-4. Schuljahr. Märchenmerkmale und ein eigenes Märchen gestalten bereichern das Material zusätzlich.

3 4

64 Seiten

Buch	12 482	17,80 €
PDF	P12 482	14,49 €

PDF-Schullizenz 58,- €

3. Schuljahr · Autorenteam Kohl-Verlag

Wochenplan Rechtschreibung 3

• Jede Woche übersichtlich auf einem Bogen
• Einteilung in 5 Einheiten
• Mit Lösungen

Autorenteam Kohl-Verlag

Wochenplan Rechtschreibung

NEU ab Feb.

Gerade für diese Altersgruppe ist der Wochenplan ideal. Jede Woche ist in 5 Einheiten (Mo-Fr) untergliedert. So steigt von Tag zu Tag das Selbstbewusstsein, wieder mal etwas geschafft zu haben – ganz ohne Überforderung! Behandelt werden u.a. Themen wie Groß- und Kleinschreibung, Getrennt- und Zusammenschreibung und Doppelkonsonanten aber auch Basisstrategien wie Abschreiben und Nachschlagen. Tägliches Wiederholen in kleinen Portionen führt langfristig zu Lernerfolgen.

je 80 Seiten

Klasse			
3	Buch	12 504	19,80 €
	PDF	P12 504	15,99 €
4	Buch	12 505	19,80 €
	PDF	P12 505	15,99 €

PDF-Schullizenz (je Band) 64,- €

3 4

Horst Hartmann & Waldemar Mandzel

Bildergeschichten an Stationen

Acht Bildergeschichten *werden in motivierenden Illustrationen dargestellt. Die Kinder bestimmen individuell ihr Lerntempo und suchen sich das in verschiedenen Schwierigkeitsstufen bereitgestellte Material für die Weiterarbeit aus. Jede Geschichte wird an mehreren Stationen erarbeitet und bietet abwechslungsreiche Übungen an.*

72 Seiten

Buch	11 720	17,80 €
PDF	P11 720	14,49 €

PDF-Schullizenz  58,- €

3 4

4. Schuljahr · Autorenteam Kohl-Verlag

Wochenplan Fit für Klasse Fünf!

• Jede Woche übersichtlich auf einem Bogen
• Einteilung in 5 Einheiten
• Mit Lösungen

Autorenteam Kohl-Verlag

Wochenplan Fit für Klasse Fünf!

NEU ab Jan.

Viertklässler sollten regelmäßig üben können, damit sie den Übergang zur weiterführenden Schule leichter meistern können. Hierfür eignen sich besonders die Wochenpläne. Jede Woche ist in 5 Einheiten (Mo-Fr) untergliedert. Jede Einheit wiederholt und schult Grundlagen aus den Fächern Mathe, Deutsch oder Sachkunde, die am Ende der Grundschulzeit beherrscht werden sollten. Das regelmäßige Abarbeiten von festen Portionen schafft Selbstvertrauen. Übungen zu Grundrechenarten, Zahlenraumverständnis, Leseverständnis, Rechtschreibung und vieles mehr.

Optimale Vorbereitung auf den Schulwechsel nach der Grundschule!

80 Seiten

Buch	12 481	19,80 €
PDF	P12 481	15,99 €

PDF-Schullizenz 64,- €

4

Rechtschreibung & Grammatik

3.-4. Schuljahr · Gerlinde Maier & Petra Lindner-Köhler

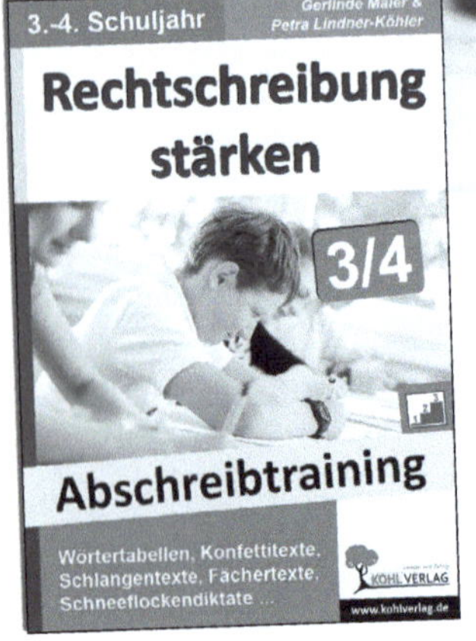

Rechtschreibung stärken 3/4 – Abschreibtraining

Wörtertabellen, Konfettitexte, Schlangentexte, Fächertexte, Schneeflockendiktate ...

Gerlinde Maier & Petra Lindner-Köhler

Rechtschreibung stärken

Abschreibtraining

Die Fähigkeit des fehlerfreien Abschreibens muss regelmäßig trainiert werden. Dabei motiviert die abwechslungsreiche Form die Schüler. Die Texteile werden kreativ gestaltet dargeboten in Rädern, Pyramiden, Wörtertabellen, Schlangen- und Konfettitexten ... ***Eine einfache aber wirkungsvolle Methode!***

FÖ

56 S.

Buch	11 858	16,80 €
PDF	P11 858	13,49 €

PDF-Schullizenz 54,- €

3 4

3.-4. Schuljahr · Viktoria Weimann

Stationenlernen Fehlertexte ausbessern

• Rechtschreibstrategien anwenden
• Regeln verstehen

Autorenteam Kohl-Verlag

Stationenlernen Fehlertexte ausbessern

Lernen durch Selbstkontrolle

NEU ab Dez.

Mit Fehlertexten lässt sich sehr gut überprüfen, ob die Rechtschreibregeln und -strategien verstanden und verinnerlicht wurden. Aber auch die Regeln der Zeichensetzung und Grammatik werden im Umgang mit Fehlertexten geschult. Die gezielten Übungen in diesem Band bereiten nicht nur auf eine fehlerfreie Rechtschreibung vor, sondern trainieren ganz nebenbei auch das Leseverständnis. Die Möglichkeit der Selbstkontrolle unterstützt das eigenständige Lernen. Optimales Freiarbeitsmaterial zur Stärkung der Rechtschreibkompetenz!

FÖ

48 Seiten

Buch	12 509	15,80 €
PDF	P12 509	12,49 €

PDF-Schullizenz 50,- €

3 4

Alle Altersstufen · Gisela Ruthenberg

Richtig schreiben – Praktische Lernkartei

Rechtschreibprogramm zum effektiven Training bei Lese-Rechtschreib-Schwäche

Gisela Ruthenberg

Richtig schreiben Eine praktische Lernkartei

Der Band wurde von Diplompsychologin Gisela Ruthenberg in langjähriger Arbeit in der Praxis mit Schülern und Eltern entwickelt. Es eignet sich hervorragend für Eltern und Lehrer, die mit ihren Schützlingen sinnvoll üben wollen. Mit diesen Kopiervorlagen können Schüler ihren Erfolg selbst messen.
Das Rechtschreibprogramm beinhaltet die intensive Schulung folgender Bereiche: das Hören, das genaue Hinsehen, das Regeln lernen und sprachliche Ableitungen. Dieses Werk beweist, dass Üben Erfolg bringt und es steigert die Lernmotivation.

76 S.

Buch	11 187	19,80 €
PDF	P11 187	15,99 €

PDF-Schullizenz 64,- €

FÖ

1 2 3 4

2.-4. Schuljahr · Horst Hartmann

RECHTSCHREIBUNG in drei Niveaustufen

• einzeln einsetzbare Einheiten
• wichtige Rechtschreibregeln

Horst Hartmann

Rechtschreibung in drei Niveaustufen

Lernen nach dem jeweiligen Leistungsvermögen mit Übungen zu einem Rechtschreibphänomen. Sowohl Material als auch Lösungen sind 3-fach differenziert und zum selbstständigen Arbeiten geeignet. Rechtschreibregeln werden in den einzelnen, unabhängig einsetzbaren Einheiten erlernt und trainiert.

FÖ

64 Seiten

Buch	12 058	17,80 €
PDF	P12 058	14,49 €

PDF-Schullizenz 54,- €

2 3 4